Merud

BEST SELLER

Robin S. Sharma (1964), es licenciado y profesor de derecho y ha tenido una distinguida carrera como abogado. Conocida personalidad mediática que ha aparecido en más de 300 programas de radio y televisión, ha publicado artículos en *The Globe and Mail*, *USA Today* y otras publicaciones destacadas. Robin S. Sharma viaja asiduamente como conferenciante y director de seminarios, impartiendo su vigoroso mensaje a importantes organizaciones empresariales, sanitarias y educacionales. Sus libros *El monje que vendió su Ferrari* y *Las 8 claves del liderazgo del monje que vendio su Ferrari* han sido grandes éxitos internacionales. Su mensaje va dirigido a la persona estresada y agobiada que quiere mejorar su rendimiento y su calidad de vida. Actualmente reside en Toronto (Canadá) y dirige la organización Sharma Leadership Inc.

Podéis consultar su web: www.robinsharma.com

Biblioteca

ROBIN S. SHARMA

Sabiduría cotidiana del monje que vendió su Ferrari

Traducción de
Alberto Coscarelli

DEBOLS!LLO

Título original: *Family Wisdom from the Monk Who Sold His Ferrari: Nurturing the Leader Within Your Child*
Diseño de la portada: Kathi Dunn

Tercera edición para EE.UU., 2006

D. R. 2006, Random House Mondadori, S. A. de C. V.
Av. Homero No. 544, Col. Chapultepec Morales,
Del. Miguel Hidalgo, C. P. 11570, México, D. F.

www.randomhousemondadori.com.mx

Comentarios sobre la edición y contenido de este libro a:
literaria@randomhousemondadori.com.mx

ISBN: 0-30727-427-6

Impreso en México/ *Printed in Mexico*

Distributed by Random House, Inc.

Dedico este libro a mis extraordinarios hijos,
Colby y Bianca, dos de los más grandes
y sabios maestros en mi vida.
Os quiero muchísimo a los dos.

También dedico este libro a mi querido amigo
y colega el difunto George Williams, un hombre
que cambió muchas vidas, pero que nos
abandonó demasiado pronto.

Por último, dedico este libro a usted, el lector.
Que las lecciones que descubra en estas páginas
le inspiren a ser una persona más sabia,
un mejor padre, y a convertirse en la clase
de cabeza de familia que anime a los niños y
niñas del mundo a vivir una vida más plena.

Índice

Agradecimientos

En primer lugar, gracias a las personas de todo el mundo que han leído los libros de la serie *El monje que vendió su Ferrari* y han tenido la sabiduría de aplicar el conocimiento compartido, enriqueciendo no solo sus propias vidas, sino también las vidas de todos aquellos a su alrededor. Me ha encantado recibir sus cartas y mensajes de correo electrónico así como saber que las lecciones que he ofrecido les han ayudado en sus viajes. Mi enhorabuena por haber tenido el coraje de cambiar, crecer y dirigir.

Un agradecimiento especial a mis amigos de HarperCollins, quienes me han apoyado, animado e inspirado para que continuara escribiendo estos libros. Deseo expresar mi gratitud a Iris Tupholme, Claude Primeau, Judy Brunsek, David Millar, Lloyd Kelly, a mi agente publicitaria Doré Potter, Marie Campbell, Pauline Thompson, y especialmente a Nicole Langlois, mi afectuosa, perspicaz y maravillosa editora.

También mi reconocimiento a la dedicación de mi asistente ejecutiva Ann Green, por organizar mi agenda mientras escribía este libro, a mi colega Richard Carlson —un hombre que vive el mensaje que predica— y a mi amigo Malcolm MacKillop, por dejarme su casa junto al lago para que pudiera alejarme del mundo y así concluir *Sabiduría familiar* en medio de un paisaje impresionante.

Gracias también a todos mis mentores, incluidos Gerry Weiner, Ed Carson y Lorne Clarke, por animarme a «mantener el rumbo». Mi gratitud hacia todas y cada una de las empresas que me han permitido impartir mis lecciones acerca del liderazgo en sus conferencias, y que han tenido la sabiduría de reconocer a las personas que constituyen el alma de sus empresas. Mis gracias más sinceras a Jill Hewlett por ser tan buena guía, y también a mis padres, Shiv y Shashi Sharma, por ser tan espléndidos ejemplos de padres, y por todo el amor, bondad y apoyo con que me han colmado. Gracias además a mi hermano Sanjay y a mi cuñada Susan, por estar allí cuando más los necesitaba.

Finalmente, doy las gracias a Colby y Bianca, mis dos hijos, por la felicidad que me proporcionan.

Dentro de cien años a partir de hoy no importará cuál era el saldo de mi cuenta corriente, el tipo de casa donde vivía o la marca de coche que conducía. Pero el mundo quizá sea diferente porque fui importante en la vida de un niño.

ANÓNIMO

Vivir en los corazones que dejamos atrás significa no morir.

THOMAS CAMPBELL

UNO

Mi gran despertar

> Por lo general tenemos miedo de convertirnos en aquello que alcanzamos a atisbar en nuestros momentos más perfectos.
>
> ABRAHAM MASLOW

La parte más triste de la vida no está en el acto de morir, sino en fracasar a la hora de vivir realmente cuando estamos vivos. Somos muchos los que solo disfrutamos de una pequeña parte de nuestras vidas y nunca permitimos que la plenitud de nuestra humanidad vea la luz del día. He aprendido que aquello que de verdad cuenta en la vida, al final, no es cuántos juguetes hemos coleccionado o cuánto dinero hemos acumulado, sino cuántos de nuestros talentos hemos descubierto y utilizado para añadir valor a este mundo. Lo que más importa son las vidas que hemos cambiado y el legado que hemos dejado. Tolstoi lo expresó muy bien cuando escribió: «Solo vivimos para nosotros mismos cuando vivimos para los demás».

Me llevó cuarenta años descubrir este sabio y sencillo punto. Cuarenta largos años para darme cuenta de que la realidad es que no se puede perseguir el éxito. El éxito sobreviene y fluye en su vida como un no buscado, pero inevitable subproducto de una vida dedicada a enriquecer las vidas de otras personas.

Cuando usted deje de enfocar la vida como una compulsión por sobrevivir y se comprometa para siempre a servir a otros, su existencia acabará inevitablemente convirtiéndose en un éxito.

Todavía no puedo creer que haya tenido que esperar hasta el «ecuador» de mi vida para descubrir que la verdadera realización del ser humano no la da conseguir todos aquellos grandes logros que salen en las primeras planas de los periódicos y en las portadas de las revistas, sino los sencillos y repetidos actos de bondad que cada uno de nosotros tenemos el privilegio de practicar a diario con simplemente proponérnoslo. La madre Teresa, una gran líder de los corazones humanos si es que alguna vez ha existido alguno, lo expresó de una manera notable: «No hay grandes actos, solo actos pequeños hechos con un gran amor». Esto lo aprendí en mi vida por las malas.

Hasta hace poco había estado tan ocupada en competir que me había olvidado de vivir. Había estado tan inmersa en la persecución de los grandes placeres de la vida que me había perdido todos los pequeños, las microalegrías que se entrelazan todos los días en el entramado de nuestras vidas aunque, a menudo, pasan inadvertidas. Mis días estaban sobrecargados, mi mente saturada y mi espíritu mal alimentado. Con toda sinceridad, mi vida reflejaba el éxito, pero estaba hecha una ruina en términos de significado espiritual.

Yo pertenecía a la vieja escuela que creía que la felicidad llegaría cuando me comprara el coche adecuado, me construyera la casa adecuada y me ascendieran al cargo adecuado. Juzgaba el valor de un ser humano no por el tamaño de su corazón y la fuerza de su carácter, sino por el tamaño de su billetero y lo bien surtida que estuviera su cuenta bancaria. Usted podría concluir que yo no era una buena persona. Yo le respondería que sencillamente no tenía idea alguna sobre el verdadero significado de la vida o cómo conducirme a mí misma. Quizá era por la clase de personas con las que me relacionaba, pero todas las que conocía en el mundo empresarial vivían de acuerdo con esta misma filosofía. Todos dedicábamos las mejores horas de nuestros días a subir la escalera del éxito que en nuestros sueños nos conduciría al codiciado despacho de la esquina, a la opulenta casa de verano en la bahía de Cheasepeak y quizá al espectacular chalet en los Alpes franceses. Todos queríamos ser famosos, admirados y venerados. Todos queríamos ser asquerosamente ricos. Y, más que nada, todos deseábamos ser deseados.

Aunque es cierto que también tenía la idea de ser madre algún día y criar una familia en el futuro, mis sueños, en mis momentos más tranquilos, iban más por el lado de aparecer en la portada de *Forbes* o *Fortune* con un titular al pie de mi esbelta figura que dijera «Catherine Cruz: la presidente ejecutiva que rompió todas las reglas y, sin embargo, ganó», que ir a alentar a los niños en los partidos de la liga infantil. De camino al trabajo, me repetía a mí misma frases como «Hoy será el mejor día de mi vida» y «Tengo la mente de un millonario y el corazón de un guerrero». Puedo ver ahora mismo cómo usted menea la cabeza, pero en aquel entonces deseaba triunfar con tanta fuerza que hubiese hecho cualquier cosa para conseguirlo. Hubiese dicho cualquier cosa que me hubiesen pedido que dijera, hecho cualquier cosa que me hubiesen pedido que hiciera y hubiese pisoteado a cualquiera que hubiese tenido la mala fortuna de cruzarse en mi camino. No estoy diciendo que estuviese orgullosa de la persona que era entonces. Solo le estoy diciendo cómo era. Era dura, despiadada, ambiciosa y enérgica a más no poder, hasta el punto de que cerré mi parte emocional en un esfuerzo por sobrevivir en el mundo que me había hecho para mí misma.

Mi vida estaba definida por mi trabajo y presentía que mi destino era alcanzar la cumbre del éxito en el mundo empresarial. En la pared de mi despacho podían leerse estas palabras del gran poeta inglés Henry Wadsworth Longfellow, que a mi parecer lo decían todo:

> *Las vidas de los grandes hombres nos recuerdan*
> *que podemos hacer nuestras vidas sublimes*
> *y, al partir, dejar detrás de nosotros*
> *pisadas en las arenas del tiempo.*

Todos mis compañeros en la escuela de administración de empresas y yo aprendimos a concordar con todos aquellos almibarados lugares comunes del estilo de «las personas primero» y «a las personas no les importa cuánto sabe usted hasta que se dan cuenta de cuánto les interesa» que nos repetían con demasiada frecuencia los adinerados consultores y los bienintencionados profesores. Pero dentro de cada uno de nosotros solo albergábamos un deseo: servirnos a nosotros mismos y conseguir nuestras propias metas, esperanzas y sueños, sin preocuparnos en lo más mínimo de a cuántas personas tendríamos que pisotear para conseguirlo. Así que sacrificamos nuestras almas para obtener el reconocimiento profesional y hacernos ricos. Nos consagramos en cuerpo y alma a nuestros trabajos. Aunque ahora me da vergüenza admitirlo, en los primeros años fue divertido, muy divertido...

Como era la mejor estudiante de mi clase, tuve la oportunidad de escoger con cuál de entre las mejores compañías del planeta quería trabajar. Puesto que siempre había sido un poco rebelde, me encantó rechazar todas y cada una de aquellas ofertas millonarias, para gran enfado de mi madre que me tomó por loca. Sin olvidar el consejo de uno de mis profesores favoritos en la escuela de administración de empresas, una persona que siempre prefería transitar por los caminos menos trillados (predicaba: «Cuando busquen el trabajo ideal, no se pregunten: "¿Es esta la compañía para la que me gustaría trabajar?" y comiencen a preguntarse: "¿Es esta la compañía que me gustaría poseer?"»), me decidí por un cargo ejecutivo en una poco conocida firma de servicios financieros con un enorme crecimiento potencial. No hay que olvidar nunca el poder de las *stock options* para atraer al candidato menos interesado.

Todas las mañanas, a las 5.15 en punto, entraba con mi reluciente Mercedes negro —un premio de la compañía que me había contratado por haber firmado— en el aparcamiento subterráneo de la torre de metal y vidrio de setenta pisos donde iba a pasar unos cuantos años de mi vida. Con un ejemplar del *The Wall Street Journal* en una mano y mi maletín de piel de cocodrilo en la otra, entraba en el ascensor y subía hasta mi oficina en el piso sesenta y dos. Este era mi verdadero hogar.

Una vez allí, leía todos los mensajes, contestaba a todas las llamadas telefónicas y luego pasaba las dieciséis a dieciocho horas siguientes en un estado de gran ansiedad y confusión. En cuestión de poco fui ascendida primero a vicepresidenta de división y luego a sénior, cuando aún no tenía ni treinta y cinco años. Disfruté del placer de volar por todo el mundo en primera clase, codearme con los grandes empresarios, comer en los mejores restaurantes y cerrar tratos que hacían morirse de envidia a mis contemporáneos. Llegó el momento en que me dieron un lujosísimo despacho, y finalmente me compré el chalet en los Alpes, gracias a mis *stock options* que, tal como había confiado, habían alcanzado valores estratosféricos.

Hace algunos años, unos cuantos amigos de la escuela de administración de empresas y yo fundamos una compañía en Internet llamada BraveLife.com para proveer a las empresas de una nueva y revolucionaria manera de capacitar a los empleados dispuestos a descollar en estos tiempos de salvaje competencia. Aunque al principio fue algo que solo hicimos por divertirnos, BraveLife.com se convirtió en un éxito instantáneo y, en cuestión de meses, nuestra empresa pionera apareció mencionada en todas las principales revistas económicas del país. Cuando todos los corifeos empezaron a proclamar a los cuatro vientos que esta empresa era la candidata ideal para una oferta pública, y los inversionistas más atrevidos a rondarnos como buitres dispuestos a devorarnos, mis socios y yo supimos que no tardaríamos en hacernos ricos. Todo estaba resultando tal como lo había soñado muchas veces. Sería rica, famosa y querida. Me permitiría al fin todas las posesiones materiales que había anhelado, y tendría los medios para vivir la vida a mi manera. Iba camino de la cumbre y de disfrutar de la vida que siempre había deseado. Sin embargo, a medida que me acercaba a la realización de mis sueños, hice un curioso descubrimiento que me quitó todos los ánimos. Aunque me esforzaba en no reconocerlo, era un ser humano muy desgraciado.

Llevaba siete años en un matrimonio que carecía de cualquier rastro de pasión o vínculo emocional. Había conocido a mi marido, Jon Cruz, en un campamento de montaña al que me había enviado la compañía para la que trabajaba por aquel entonces, junto con otros altos ejecutivos, para que refináramos nuestras dotes de liderazgo. Jon era un esforzado empresario que buscaba inspiración en las montañas, de modo que nos encontramos metidos en el mismo equipo, enfrentados a la misión de escalar una montaña en plena noche. Él admiró mi valentía y tenacidad, y yo me sentí inmediatamente atraída por su gentileza y pasión por la vida. Nos enamoramos y, aunque iba en contra de mi prudencia natural, nos casamos seis semanas más tarde.

Jon era un buen hombre en un mundo donde la bondad pura y la fuerza de carácter ya no reciben el reconocimiento que se merecen. Durante nuestros primeros años juntos lo pasamos muy bien en muchas ocasiones pero, a medida que pasaba el tiempo, nuestra relación comenzó a desmoronarse por pura negligencia. A él le encantaba la naturaleza y los grandes espacios abiertos, y yo adoraba los restaurantes de cinco tenedores y los desfiles de alta costura. Él coleccionaba buenos libros y disfrutaba haciendo tallas de madera en el patio trasero, mientras yo coleccionaba los vinos de las mejores añadas y me dedicaba a saborear el gran arte. Pero debo decir que no fueron nuestras diferencias de gusto las que nos llevaron a un matrimonio que distaba mucho de ser ideal. El verdadero problema era que nunca me encontraba en casa para estar con mi marido.

A la hora que regresaba a casa por la noche, Jon ya estaba dormido, y a la hora que él se levantaba, yo me hallaba conduciendo mi Mercedes camino de la oficina. Aunque vivíamos bajo el mismo techo, se podía decir sin temor a equivocarse que llevábamos vidas separadas. Pero era mucho más que mi relación con Jon lo que me hacía sentir vacía y desilusionada. Teníamos dos hijos pequeños y maravillosos que yo sabía muy bien que estaban sufriendo como resultado de mis eternas ausencias. Nunca me dijeron ni una palabra sobre la infinidad de horas que pasaba en la oficina, pero sus miradas revelaban con claridad la desilusión y profunda necesidad de tener una vinculación mucho más fuerte con la mujer a la que llamaban mamá.

Porter, nuestro hijo, estaba a punto de cumplir los seis años, y Sarita, nuestra hija, tenía tres. Sabía que estos primeros años eran los más importantes en lo referente a la formación y el desarrollo de sus caracteres. Me daba cuenta de que esta era la etapa durante la cual más necesitaban estar rodeados por unos modelos que prodigaran afecto y sabiduría a sus jóvenes almas. Tenía muy claro que más adelante lamentaría las muchas horas pasadas lejos de ellos pero, por alguna razón inexplicable, era incapaz de alejarme de mi oficina y de todas las obligaciones que acompañaban a mi supercomplicada vida profesional.

«La vida no es más que una serie de puertas a la oportunidad unidas para formar un todo», solía decirme mi sabio padre. Yo tenía el sentido común y la inteligencia suficientes como para percatarme de que Porter y Sarita solo serían niños una vez, y que ahora era el momento en que más necesitaban de mi presencia. En cuanto se cerrara esta puerta, mi oportunidad para dotarlos de los valores, las virtudes y las maneras de ver el mundo que les permitirían disfrutar de vidas más plenas, una vez maduraran, habría pasado para siempre. También tenía claro que nunca me perdonaría a mí misma el no haber estado por ellos cuando más me necesitaban. Supongo que sencillamente no tenía el valor para apartarme de mi vida caótica y reflexionar de verdad sobre mis principales prioridades ni la sabiduría para asegurarme de que estas prioridades se reflejaran en el modo como quería pasar mis días. Por mucho que lo intentara, me veía incapaz de dejar de trabajar a este ritmo frenético y recuperar el equilibrio en mi vida. Sentía sinceramente que no podía vivir sin las descargas de adrenalina y la sensación de ser importante que me daba mi abarrotada agenda. Por mucho que manifestara en público que mi familia era lo que contaba de verdad para mí, los hechos demostraban claramente lo contrario. Todas las pruebas confirmaban que Jon y mis hijos quedaban muy por detrás de mi carrera y mi deseo de ser rica.

DOS

La mejor de las peores experiencias de mi vida

> Si tuviese que volver a vivir mi vida, me relajaría mucho más. Me comportaría de una manera mucho más tonta de la que me he comportado en este viaje. Escalaría más montañas, cruzaría más ríos y contemplaría más puestas de sol. Tendría más problemas reales y muchos menos imaginarios. Sí, he tenido mis buenos momentos y, si tuviera que hacerlo otra vez, disfrutaría de muchos más. En realidad, intentaría no tener otra cosa, solo momentos uno tras otro. Y recogería más margaritas.
>
> NADINE STAIR, 89 años

La mayoría de las personas no descubren realmente lo que es la vida hasta que llegan al momento de la muerte. Entonces, enfrentados de sopetón a su mortalidad, abren los ojos a los significados más profundos de la vida y descubren todo lo que se han perdido. En este aspecto la vida puede ser muy cruel. A menudo, sus regalos no llegan en el momento en que está a punto de acabarse. Cuando somos jóvenes y tenemos toda la vida por delante, solemos postergar la decisión de vivirla. «El año que viene dedicaré más tiempo a la naturaleza, me reiré más o amaré más. El año que viene pasaré más tiempo con mis hijos y leeré las grandes obras de la literatura universal. El año que viene contemplaré más puestas de sol y haré buenos amigos. Pero ahora mismo tengo muchas tareas por delante y muchas personas a las que atender.» Estas son las manidas frases de la época en la que vivimos. Bien, he aprendido que si usted no actúa en la vida, la vida tiene la costumbre de actuar en usted. Los días se convertirán en semanas; las semanas, en meses y antes de que se dé cuenta, su vida se habrá acabado. Aquí lo sabio está muy claro: *deje de vivir su vida por defecto y comience a vivir su vida como usted quiere*. Vuelva a meterse en el juego y haga lo que sea necesario para crear una realidad más plena en armonía con lo que su corazón le dice que estaba destinado a crear. Hoy mismo comience a vivir su vida de manera que, cuando usted esté en su lecho de muerte, haya colmado sus deseos. Como dijo Mark Twain, comience a vivir su vida de una manera que incluso el sepulturero llore en su funeral.

Vivimos en un mundo extraño. Podemos lanzar un misil con una precisión extraordinaria al otro lado del mundo y, sin embargo, nos cuesta Dios y ayuda cruzar la calle para dar la bienvenida a un nuevo vecino. Pasamos más tiempo sentados delante del televisor que relacionándonos con nuestros hijos. Decimos que queremos cambiar el mundo, pero no estamos dispuestos a cambiarnos a nosotros mismos. Entonces, cuando llega el ocaso de nuestras vidas y nos queda poco tiempo para una reflexión profunda, tenemos un atisbo de las alegrías de que podríamos haber disfrutado, de la bondad que podríamos haber demostrado y de la persona que podríamos haber sido. Pero para entonces ya es demasiado tarde. La mayoría de nosotros nos despertamos a la vida en el momento de yacer. Afortunadamente, mi despertar llegó antes.

Viajaba a San Francisco para hablar en una conferencia de tecnología punta sobre el éxito de BraveLife.com. Había estado a punto de perder el vuelo debido a una tremenda nevada que había paralizado casi toda la ciudad y provocado unos atascos monumentales. Cuando finalmente subimos al avión, mis dos socios y yo nos sentamos en nuestras butacas de primera clase con una copa de un vino excelente y comenzamos a discutir sobre cómo desarrollaríamos la exposición que se nos había solicitado. Estuvimos charlando alrededor de media hora y luego, agotada después de todo un día en la oficina, me excusé para retirarme de la discusión y me quedé dormida.

De pronto, me despertó la voz del capitán por los altavoces de la cabina: «Nos estamos enfrentando a unas condiciones meteorológicas realmente malas, y por lo que parece, empeorarán. Por favor, comprueben que tienen bien sujetos los cinturones de seguridad y pongan las bandejas en posición vertical». Aunque había intentado hacer lo posible por aparentar serenidad, la voz del capitán lo traicionó, y me pregunté si no se estaría enfrentando a algo muchísimo más grave. El ritmo de mi corazón se aceleró notablemente mientras él continuaba hablando: «Por lo que se ve, las inclemencias del tiempo nos están creando a los pilotos algunos problemas serios. Una vez más, mantengan los cinturones abrochados, y yo les mantendré informados sobre la tormenta hacia la que nos dirigimos tan pronto como sepamos algo más».

No pasaron más que un par de minutos cuando se apagaron las luces de la cabina y se encendió la iluminación de emergencia. El aparato comenzó a sacudirse violentamente y los platos rodaron por el suelo. Las turbulencias, que en un principio habían sido tolerables, se hicieron tan fuertes que no las pude soportar y comencé a vomitar. Miré el rostro de mi socio Jack; se parecía a un Warren Beatty joven y, como yo, le esperaban dos hijos pequeños en casa. Era una persona que destacaba por su serenidad en las situaciones complicadas, pero ahora estaba aterrorizado por lo que sucedía y comenzó a hiperventilarse. Mientras me cogía de la mano, consiguió decir siete palabras que nunca olvidaré: «Catherine, creo que nos vamos a estrellar».

Me resulta muy difícil describir lo que sentí en los minutos siguientes. Sabía que Jack estaba en lo cierto pero, por extraño que parezca, me dominó una curiosa sensación de paz y resignación. Sin soltarle de la mano, cerré los ojos. Pensé en mis hijos. Sentí que se me helaba la sangre cuando la imagen del rostro sonriente de Porter apareció en mi mente. Recordé sus primeras palabras y los primeros pasos de este niño maravilloso. Lo vi reír desde el árbol que Jon le había construido en el patio trasero de la casa, muy ocupado en comerse una zanahoria untada con mantequilla de cacahuete, un tentempié que, según nos dijo, lo convertiría en un superhéroe cuando fuera mayor. Vi a la risueña Sarita saltando en su cama al tiempo que cantaba las canciones de la guardería a voz en cuello. Después vi a Jon sentado tan tranquilo en la galería trasera junto a la barbacoa que él afirmaba en un tono burlón que amaba más que a mí, disfrutando de una Coronita helada con una rodaja de lima. A continuación, casi en cámara lenta, vi una imagen de los cuatro en las únicas vacaciones que habíamos tenido como familia; habíamos ido a Canadá para viajar por las Rocosas. Sin embargo, aquí hay un pensamiento interesante: entre los centenares de pensamientos que tuve en aquellos últimos segundos antes de que el avión se estrellara, ni uno solo tenía algo que ver conmigo o con mi trabajo. Supongo que es verdad lo que llevan diciendo desde hace siglos los más sabios entre nosotros: *al final de tu vida descubrirás que las cosas que creías más importantes eran en realidad las más pequeñas, y aquellas cosas que creías pequeñas, sin ninguna importancia, en realidad las cosas más grandes e importantes.*

En el momento más terrible de mi vida, cara a cara con la muerte, no pensé en el dinero que ganaba, el coche que conducía o el cargo que figuraba en mi tarjeta. Mis pensamientos no se centraron en los beneficios de nuestra compañía ni en las portadas de las revistas donde había aparecido mi foto. En lo único que pensaba era en mi familia. Y en lo mucho que los amaba a todos, lo mucho que los echaría de menos y lo mucho que lamentaba no haberles dedicado más tiempo. Mi papá solía decir que nunca había visto a un camión de mudanzas en un cortejo fúnebre. Sin duda se refería a que no importa cuántas cosas puedas acumular en el transcurso de tu vida, no te las llevarás contigo. Lo único que nos podemos llevar son nuestros recuerdos, los recuerdos de las cosas que cuentan de verdad. Enfrentada de pronto a mi mortalidad, hice mi gran descubrimiento: lo que más me importaba era mi familia.

TRES

El don de la vida

Creer en el heroísmo hace héroes.

BENJAMIN DISRAELI

Lo próximo que recuerdo es despertarme mientras un grupo de paramédicos que pedían paso a voz en cuello me trasladaban a una sala de emergencia. Hubo un momento en que escuché a alguien que gritaba: «La estamos perdiendo. No hay señales vitales. ¡Pongan a esta mujer en la mesa de operaciones!».

Dios mío, pensé. Acabo de sobrevivir a un accidente aéreo. Mis prendas estaban empapadas en sangre y tenía heridas abiertas en los brazos y las piernas. Sentía frío y estaba desorientada. Además tenía sed; nunca había tenido tanta sed en toda mi vida. Entonces comprendí que podía morir en la mesa de operaciones.

No tenía ni idea de la ciudad donde me encontraba. No sabía si mi familia había sido informada de la tragedia. No sabía si mis dos socios estaban vivos. Pero muy pronto el miedo dio paso a la calma, y por alguna razón, comprendí que viviría. Desde entonces he aprendido que el universo funciona como es debido y que todo lo que nos ocurre en la vida sucede por algún motivo. Nuestros reveses siempre traen aparejadas unas lecciones que necesitamos aprender si queremos pasar al siguiente nivel de la existencia. El gran poeta inglés Henry Wadsworth Longfellow expresó este punto muy bien cuando comentó: «Me ha hecho mucho bien verme abrasado por el calor y empapado por la lluvia de la vida». Tenía muy claro que había sobrevivido a este trágico accidente por alguna razón. Solo que no era capaz de deducir cuál sería el motivo, y no tenía idea de cuál sería la lección.

Después de pasar casi doce horas en el quirófano, me enviaron a la sala de cuidados intensivos para comenzar el doloroso proceso de recuperación. A la mañana siguiente me despertaron los sonidos más dulces que había escuchado alguna vez: las voces de Porter y Sarita. «¡Mamá, despierta! ¡Mamá, despierta! Te queremos», repetían como quien recita un mantra. Cuando finalmente conseguí abrir los ojos, vi a Porter vestido con su camiseta favorita y a Sarita con su pequeño mono rojo que insiste en ponerse casi a todas horas. Jon estaba con ellos, con lágrimas rodándole por las mejillas e incapaz de articular ni una sola palabra. Después me abrazaron, y todos comenzamos a llorar.

Pasé meses en aquella cama de hospital. Lamentablemente, la caída del avión se había cobrado muchas vidas, entre ellas las de Jack y Ross, mi dos socios; una pérdida terrible. Los tres habíamos vivido mil y una experiencias juntos desde que nos habíamos asociado unos pocos años antes, y yo no tenía ningún interés en dirigir la compañía sin ellos. No eran sencillamente los cofundadores de BraveLife.com; Jack y Ross se habían convertido en mis mejores amigos. La causa final del accidente, según el informe de la comisión investigadora, fue un «error del piloto» y mientras aparecían los abogados para ocuparse de las reclamaciones, juré olvidarme de todo este asunto y hacer todo lo que hiciera falta para recuperarme y volver con mi familia. Jon y los niños me visitaban todos los días, y yo aprovechaba el resto del tiempo en la sala de rehabilitación para esforzarme por acelerar al máximo el proceso de recuperación. Los médicos y las enfermeras del hospital se comportaban como ángeles venidos del cielo, me colmaban de atenciones y me trataban con muchísima bondad y compasión. A medida que pasaban los días, fui recuperando las fuerzas y el futuro dejó de parecerme tan negro. Entonces una noche, me ocurrió algo muy extraño.

Se había terminado la hora de visita, y Jon se había llevado a los niños a casa. Yo había comenzado a leer un libro maravilloso titulado *Hope for the Flowers*, de Trina Paulus, que no solo me parecía una fuente de inspiración sino también profundamente esclarecedor. Mientras me disponía a coger la taza de té caliente de la mesita de noche, vi a alguien sentado en una silla de ruedas eléctrica pasando por delante de la puerta de mi habitación a una velocidad de vértigo.

Me sorprendió que alguien pudiese moverse con tanta rapidez por los pasillos del hospital a estas horas, pero decidí continuar con la lectura. Había abandonado este importante hábito cuando las exigencias del trabajo ocupaban todo mi tiempo, pero desde el accidente de avión había jurado volver a las cosas que cuentan de verdad. Leer todos los días algo de la sabiduría recogida en los libros era una de esas cosas. El accidente había sido como una epifanía para mí, el toque de atención que necesitaba para replantearme mis prioridades y hacer borrón y cuenta nueva en mi vida. En la soledad de mi habitación de hospital, pensé mucho y reflexioné, por primera vez en muchos años, sobre la manera como me había estado comportando en mi papel de madre, socia y ser humano. Comprendí que me habían dado una segunda oportunidad de vivir; esta vez, viviría con más sabiduría, sinceridad y virtud. Decidí que volvería a los hechos fundamentales y simplificaría mi vida.

«Las mejores cosas están muy cerca: el aire en la nariz, la luz en los ojos, las flores a los pies, las tareas en la mano, la senda de lo correcto delante. No intente coger las estrellas y haga el trabajo sencillo y común de la vida tal como viene, seguro de que las tareas y el pan de todos los días son las cosas más dulces de la vida», escribió Robert Louis Stevenson.

Cuando me había vuelto a concentrar en la lectura del libro que tenía entre las manos, ocurrió otra vez. La figura en la silla de ruedas pasó por delante de mi puerta por segunda vez, pero ahora iba todavía más rápido. Lo que me resultó todavía más sorprendente es que ahora esta persona cantaba a voz en cuello. Reconocí la canción; no la había escuchado en muchos años. Mis padres me la cantaban cuando era una niña pequeña, y me sorprendió que ese extraño visitante conociera la letra. Tenía que averiguar quién era esta persona. Pero ¿sería seguro? ¿Qué pasaría si se trataba de algún loco peligroso que había entrado desde la calle sin ser visto? Así y todo, la curiosidad me pudo. Me levanté y cogí mi fiel tacataca.

Salí lentamente al pasillo con la esperanza de ver quién era este maníaco. Pero no vi nada. El pasillo estaba en silencio y completamente vacío salvo por la presencia de dos jóvenes enfermeras en el mostrador.

—Hola —las saludé cordialmente mientras avanzaba por el pasillo.

—Hola, Catherine —me respondieron—. ¿Todo bien?

—Sí, solo me preguntaba quién estaría volando por el pasillo hace unos minutos. Iba demasiado rápido para mi gusto. Podría haber herido a alguien. Además, cantaba. Si lo volvéis a ver, por favor decidle que no vaya tan deprisa —contesté, y después añadí con una sonrisa—: Ya puestas, decidle que tome unas cuantas lecciones de canto.

—No hemos visto a nadie —me informaron las enfermeras al unísono.

—¿No? —repliqué avergonzada.

—No, no lo vimos. Lo siento, Catherine. Quizá hayas tenido una pesadilla...

—No, no fue un sueño. Vi a una persona de aspecto muy extraño en una silla de ruedas eléctrica que iba a gran velocidad por este mismo pasillo. Además cantaba una canción infantil que a mí me encantaba cuando era niña. Hacía años que no la escuchaba.

Comencé a darme cuenta de lo ridículas que sonaban mis explicaciones al ver que las enfermeras se echaban a reír.

—Nos quieres tomar el pelo, ¿verdad?

—No, hablo en serio. Si lo volvéis a ver, hablad con él —respondí con mi tono más enérgico—. Tendría que comportarse de una manera más responsable.

—De acuerdo, Catherine, lo haremos —me contestó una de las enfermeras sin poder contener la risa.

Mientras caminaba de regreso a mi habitación, algo en el suelo captó mi mirada. El objeto era brillante y estaba hecho de metal. Cuando lo recogí y lo sostuve a la luz, no podía dar crédito a mis ojos. Era una mariposa de oro. Estaba atónita. Mi padre me había regalado una mariposa como esta y otra a mi hermano Julian como un recordatorio de que debíamos pensar con independencia a medida que creciéramos y llegara el momento de vivir por nuestra cuenta. Para él, la mariposa era un símbolo de la libertad, la independencia y la belleza, tres cualidades que esperaba que llenaran nuestras vidas. Nos regaló las mariposas de oro el día que lo nombraron juez de la Corte Federal. Recuerdo lo orgullosa que me había sentido de mi padre en aquella ocasión. Había trabajado incansablemente para alcanzar dicha posición y se merecía el éxito. Papá era muy buen hombre: noble, cariñoso y de una honradez intachable.

Yo había guardado la mariposa en mi casa y la tenía como uno de mis más preciados tesoros, sobre todo después del fallecimiento de mi padre. No tenía idea de lo que mi hermano Julian había hecho con la suya, pero conociendo a Julian, lo más probable es que la hubiese vendido. Mi hermano era todo un personaje. Es probable que ustedes nunca conozcan a nadie como él en toda la vida. No sé muy bien cómo describirlo. Era brillante, talentoso, irreverente y salvaje. Pero también era mucho más.

En la adolescencia siempre había sido el más listo —y el más arrogante— de su clase. Guapo como un galán de cine, las chicas más bonitas de la escuela siempre lo escogían a él. Gracias a su inteligencia, consiguió todos los premios que daba la escuela. En la universidad fue un atleta de élite, un orador extraordinario, un estudiante de primera y un donjuán. Tenía todas estas grandes dotes humanas. Era mucho más que su intelecto o su carisma. Tenía una energía sorprendente y parecía brillar con luz propia. Pero por encima de todo lo demás, Julian tenía un corazón de oro. Yo lo quería de verdad y lo consideraba mi héroe. Nos divertimos tanto juntos mientras crecíamos...; pasábamos los veranos en nuestra casa del lago y los inviernos en las estaciones de esquí. La mayor parte de nuestro tiempo juntos se iba en risas y gastarnos bromas pesadas. En pocas palabras, Julian era un hombre sorprendente, y lo echaba muchísimo de menos.

Como era de esperar, Julian se graduó como el primero de su promoción en la facultad de derecho de Harvard. Las principales firmas de abogados del país sostuvieron una dura pugna por hacerse con sus servicios. No tardó mucho en labrarse la excelente reputación de ser uno de los mejores y más brillantes abogados de la nación y consiguió éxitos que eran impresionantes desde cualquier punto de vista. Incluso mi padre, un hombre que no prodigaba sus halagos y que comprendía el verdadero significado de la excelencia, comentaba a menudo: «Ese chico es bueno. Realmente bueno. Si yo fuera jugador, apostaría que acabará llegando a la Corte Suprema», y después añadía con un tono zumbón: «De tal palo tal astilla».

La estrella de Julian brilló con fuerza durante muchos años. Considerado en todo el país como uno de los más inteligentes e implacables especialistas en juicios, obtenía unos ingresos superiores al millón de dólares y llenaba su vida con lo mejor que la vida puede ofrecer. Se compró una mansión espectacular en el barrio favorito de las celebridades y los embajadores. Compró un avión para que lo llevara de cliente en cliente y hacía que vinieran sastres de Italia solo para que le confeccionaran un traje para un juicio importante. Incluso adquirió una casa en una isla privada que bautizó con el nombre de «Nirvana», con la ilusión de que allí se recuperaría del impresionante ritmo que había escogido llevar. Pero de todas las posesiones de Julian, la más preciada era el brillante Ferrari rojo que siempre aparcaba en el centro del camino de coches de su mansión. Aquel coche era su alegría, su pasión y la recompensa por todos los sacrificios que había hecho en el camino de su rápido, pero muy merecido ascenso social.

Mientras realizaba su meteórica carrera hacia la cumbre de su profesión, mi hermano se casó con una mujer maravillosa, y esta pareja perfecta tuvo una hija preciosa a la que bautizaron con el nombre de Ally. Era una niña sorprendente: inteligente, siempre feliz y muy traviesa. ¡Todavía no he conocido a otra niña tan alegre y amorosa como Ally! Tener una hija lo cambió todo para Julian. Continuó siendo el mejor, y su comportamiento en los juicios siguió rayando en la perfección. Desde luego continuaba espoleándole su afán competitivo que le empujaba a querer alcanzar las estrellas. Pero así y todo, sus prioridades iban cambiando con el paso de los días. Era evidente que comenzaba a amar la vida del hombre de familia. Comenzó a tomarse libres los viernes para no hacer otra cosa que jugar con su hija y salir con su esposa. Recuerdo que mi hermano parecía estar viviendo los momentos más dulces de la felicidad.

Si bien Julian siempre había sido muy apuesto, su rostro parecía resplandecer cuando estaba con su familia. Cuando se presentaba con Ally le brillaban los ojos, y yo sabía que él había encontrado la paz interior que todos anhelamos en este mundo complejo e incierto. Julian vivía inmerso en el amor y tenía al mundo a sus pies. Pero la vida tiene sus propias maneras de castigarnos cuando menos lo esperamos o lo merecemos. A menudo cuando estamos en lo mejor, comienzan nuestros peores sufrimientos. En tales ocasiones nos vemos despojados de todo aquello que nos es más querido, y nos encontramos sumergidos en la oscuridad y enfrentados al abismo. Es en esos momentos terribles cuando tenemos un atisbo de quienes somos en realidad. Es cuando sentimos el más profundo dolor que descubrimos nuestro verdadero carácter. Es en los períodos más bajos de la vida cuando entramos en contacto con lo mejor de nosotros. A mi querido hermano Julian no tardó en ocurrirle algo que le hizo conocer unos poderes que nunca había imaginado que tenía.

Una soleada tarde de otoño, mientras llevaba a Ally a la fiesta de cumpleaños de su mejor amiga, Julian advirtió que un coche que circulaba en sentido contrario comenzaba a meterse en su carril. En un primer momento no hizo mucho caso. Pero sí cuando el otro coche no solo permanecía en el carril, sino que aceleraba sin más hacia ellos. Lo que sucedió en cuestión de segundos cambió la vida de Julian para siempre. El conductor del otro coche, borracho perdido después de estar bebiendo durante horas con sus amigos, perdió el control y se estrelló de frente contra el coche de mi hermano. Por increíble que parezca, Julian solo sufrió algunos cortes sin importancia. Pero lamentablemente, la pequeña Ally no fue tan afortunada. Recibió una herida mortal cuando se golpeó la cabeza contra el parabrisas en el momento del impacto y murió en los brazos de mi hermano que se desgañitaba en mitad de la calle solicitando atención médica. Después de esta terrible pérdida, Julian no volvió a ser el mismo. Se transformó, de un hombre que vivía al máximo todos y cada uno de sus días, en alguien que solo intentaba sobrevivir de hora en hora. Verlo así me partía el corazón.

En un intento desesperado para no enfrentarse a su pena, comenzó a dedicar todas sus horas al trabajo. Pasaba semanas enteras encerrado en su lujoso despacho, dormía en un sofá y se negaba a recibir a nadie que le recordara su vida anterior. Si bien este comportamiento le llevó a alcanzar nuevos éxitos en su carrera, también significó la destrucción de su vida personal. Carlos Castaneda escribió una vez que «la diferencia básica entre un hombre común y un guerrero es que el guerrero lo interpreta todo como un desafío mientras que el hombre común acepta las cosas como un regalo o una maldición». Creo que Julian sentía que sobre él había caído una maldición.

Llegó un momento en que su adorable esposa decidió abandonarlo. Argumentó que la obsesión por el trabajo y la falta de relación emocional habían convertido la vida con él en algo insoportable. Ella me confió que había hecho todo lo posible por sacar a Julian de aquel bache, pero que nada le había dado resultado. Todavía peor, había dejado muy claro con sus palabras y acciones que no estaba dispuesto a aceptar la ayuda de nadie. Quería que lo dejaran solo y que los demás «se ocuparan de sus propios asuntos y se compadecieran de algún otro».

Julian comenzó a beber en exceso y a llevar un estilo de vida nada recomendable. Dormía poco, comía demasiado y usaba unos modales que ahuyentaban incluso a aquellos que más le apreciaban. El poco tiempo libre de que disponía lo pasaba en la compañía de modelos increíblemente delgadas o con la bullanguera panda de agentes de bolsa a los que se refería como su «equipo de demolición». Aunque en aquellos días no vi mucho a Julian —ni siquiera quería ponerse al teléfono cuando le llamaba— tenía muy claro que se estaba buscando problemas. Grandes problemas.

En una ocasión lo vi en una calle del centro. Caminaba a toda prisa cargado con dos maletines llenos a rebosar y con la frente bañada en sudor. Su aspecto hizo que casi me echara a llorar, no podía creerlo. Su rostro, en un tiempo joven y hermoso, era ahora una masa de arrugas, y su mirada reflejaba una profunda tristeza. El cuerpo atlético del que antes había estado orgulloso era ahora una figura obesa con la postura de un hombre derrotado; y su sonrisa, que había sido su marca de fábrica, había desaparecido sin dejar el menor rastro. Sentí una pena muy profunda al ver a Julian, el hermano al que tanto quería y por el que había sentido tanta admiración, sometido a las torturas de su infierno particular...

Unos pocos meses más tarde recibí una llamada de uno de los socios de Julian en la firma de abogados. Me comunicó que Julian había tenido un infarto en medio de un juicio. Lo habían trasladado de inmediato al hospital y, afortunadamente, sobreviviría. Pero, añadió el socio, Julian se negaba a recibir visitas. «Sobre todo de la familia», recalcó su colega.

—¿No podría verle aunque solo fueran un par de minutos? —supliqué.

—Desearía poderte decir que sí, Catherine, pero ya conoces a Julian. Ha ordenado que no quiere a nadie en su habitación y que tengan la puerta cerrada. Incluso amenazó a uno de los médicos con demandarlo si le daban a alguien el número del teléfono que se ha hecho instalar.

Muy típico de Julian, pensé. Incluso en los momentos más vulnerables, era un abogado hasta la médula.

—Hay algo que deberías saber, Catherine —continuó el socio con un tono un poco más bajo—. Es algo que cuesta de creer, pero Julian ha dicho que abandonará el ejercicio de la abogacía. Ha enviado la renuncia y deja la firma.

—¡No lo dirás en serio! —exclamé, porque me resultaba imposible creer en lo que estaba escuchando—. Julian lleva la ley en la sangre, de la misma manera que nuestro padre. Quería ser abogado desde que tenía cinco años.

—Solo te repito lo que me ha dicho hace solo unas horas, Catherine —replicó él con un tono que revelaba su propio asombro ante la decisión de Julian.

Fiel a su palabra, Julian se desvinculó del ejercicio de la abogacía en cuestión de semanas. Pero eso fue solo el principio. En los meses siguientes se deshizo de todas sus posesiones materiales: la casa, el avión, la isla privada... Incluso vendió el Ferrari rojo, el símbolo más obvio de su éxito y del hombre que había sido. Me enteré por otro de sus amigos que Julian se había marchado a la India en algo así como «una búsqueda del significado más profundo de la vida», o al menos eso fue lo que me explicó. Julian no había dejado ninguna dirección ni ningún teléfono de contacto, ni tampoco había mencionado cuándo pensaba regresar.

—¿Tú qué crees? —le pregunté a mi interlocutor.

—Creo que ni tú ni yo volveremos a ver nunca más al gran Julian Mantle —me respondió en un tono de voz bajo.

Pasaron los años, y no tuve ninguna noticia de Julian, ni siquiera una tarjeta postal. Era como si rehusara admitir la existencia de su hermana o de la vida que había llevado antes de la muerte de su hija. Incapaz de comprender la lección implícita en su caída, reaccioné como él: me dediqué en cuerpo y alma a mi trabajo aunque ahora yo también tenía una familia. Si bien pensaba cada vez menos en Julian, en mis momentos más tranquilos, a menudo cuando Jon y los niños estaban dormidos, me preguntaba dónde estaría mi hermano y si estaría bien. Mis recuerdos me llevaban otra vez a aquellos calurosos días de verano cuando nos zambullíamos desde el muelle de nuestra casa y salíamos a navegar con nuestro pequeño velero por el lago. Rememoraba el sentido del humor de Julian y las bromas que solía gastarle a cualquiera que hubiese cometido el error de ofenderlo en lo más mínimo. Sin embargo, por encima de todo recordaba la picardía que no se borraba nunca de su mirada. A través del milagro de la genética, Ally había heredado aquella misma picardía. ¡Dios, cuánto echaba de menos a aquella niña, y cuánto deseaba ver a mi hermano…!

CUATRO

La visita de un monje

> La felicidad o la infelicidad de un hombre no depende de cuántas propiedades tiene o el oro que gana. La felicidad o la miseria está en nuestro espíritu. Un hombre sabio se siente como en casa en cualquier país. El universo entero es el hogar del alma noble.
>
> DEMÓCRITO

Soy su nuevo doctor, tronó una voz desde el extremo en sombras del pasillo. Cuando miré en aquella dirección, me quedé pasmada ante lo que vi. Un joven vestido con la bata blanca que usan los médicos se levantó de la silla de ruedas con la que había estado circulando a gran velocidad por el pasillo y comenzó a caminar en mi dirección desde la penumbra. Si bien llevaba colgado alrededor del cuello el estetoscopio de rigor, llevaba puesta una prenda que me tomó por sorpresa: algo parecido a una túnica roja, similar a las que habitualmente visten los monjes tibetanos. Era de un corte muy elegante y de una textura muy hermosa, con un intrincado bordado rematándola por los bordes. Aunque todavía resultaba difícil ver al hombre con claridad en la penumbra, mientras se me acercaba fui consciente de que su rostro joven y apuesto irradiaba una gran vitalidad y energía. También me sorprendió que me resultara tan familiar.

Calzado con unas sandalias con florecillas repujadas en las tiras de cuero, el joven parecía fuerte y atlético, y transmitía una sensación de confianza muy especial así como de paz interior. Sus ojos, que vi con más claridad al cabo de unos segundos, semejaban dos diamantes refulgentes; su mirada, que parecía penetrar hasta lo más profundo de mi ser, me dejó paralizada en medio del pasillo.

—¿Qué clase de médico es usted? —le pregunté llevada por la curiosidad—. Si no le molesta que se lo diga, no se parece usted en nada a un médico convencional.

—Digamos que soy algo así como un médico de familia —respondió inmediatamente. Como aún permanecía en la parte menos iluminada del pasillo, su figura parecía envuelta en una aureola de misterio.

—Por lo que alcanzo a ver, usted da más la impresión de ser una especie de brujo vudú —comenté burlonamente. Luego, con mi tono más autoritario añadí—: Joven, no necesito para nada a un médico de familia. He sobrevivido a un accidente aéreo. He sufrido heridas muy graves. Los médicos especialistas son las únicas personas que me interesa ver en estos días. Así que lo siento mucho, pero no me interesa. Quiero a mi médico de siempre y no a otro nuevo. Con toda franqueza, su indumentaria no me hace sentir muy cómoda que digamos. ¿Se supone que esa túnica de monje que lleva debe inspirar confianza?

—Me mantiene caliente en el invierno —contestó él, sonriente—. Además, me recuerda quién soy en realidad.

—¿Se puede saber quién es usted? —pregunté, sin poder resistirme al cebo que me ofrecía.

—Ya se lo explicaré más tarde con todo lujo de detalles. Por ahora solo le diré que he venido para ayudarla. Tiene que depositar toda su fe en mí. Le aseguro que únicamente pienso en su propio bien.

—¿Que deposite toda mi fe en usted...? ¿Es que está loco? —repliqué. Comenzaba a enfurecerme—. ¿Tiene usted idea de lo que he pasado? ¿Se hace usted el cargo del dolor que he soportado? Lo único que quiero es a mi médico de siempre, unos cuantos calmantes y una habitación donde no me molesten. No necesito para nada a un tipo vestido con una túnica de monje que me diga que es mi nuevo médico y me ruegue que confíe en él.

—No le estoy rogando que haga nada —afirmó el joven sin perder la calma—. Solo le estoy informando de que puedo ayudarla de una manera que usted ni siquiera se imagina. Su otro médico es por cierto muy bueno. En realidad, el mejor en su especialidad y una elección excelente si es que solo necesitara reparar su cuerpo...

—¿Qué ha querido decir con eso? —le pregunté, mientras mi agitación crecía por momentos.

—Verá, su médico la ayudará a recuperar la salud física. Pero he venido para hacer por usted mucho más que eso. Estoy aquí para ayudarla a recomponer su vida. —Hizo una pausa como si quisiera escoger con mucho cuidado las palabras que iba a utilizar, y luego añadió con una gentileza extraordinaria que le hizo parecer mucho más viejo de lo que era—: Sé que se está enfrentando a unos problemas muy graves en su vida, sobre todo con su familia. Sé que está pasando no solo por una crisis física, sino también espiritual, y esta última la está obligando a replantearse la manera como ha vivido y las prioridades de su vida. También sé que la familia lo es todo para usted y que algo en su interior le está advirtiendo de que comience a ponerlos a ellos en primer lugar antes de que sea demasiado tarde.

—¿Cómo es posible que sepa todo eso? —susurré al tiempo que intentaba mantener mi firmeza ante este hombre que parecía saber tantas cosas y conocerme a fondo.

—Confíe en mí, conozco prácticamente todo lo que se debe saber de usted. Sé dónde creció, que la tarta de manzana con helado de chocolate es su postre predilecto y que *Wall Street* es su película favorita. Incluso sé que tiene una marca de nacimiento en...

—¡Basta! —le interrumpí—. Ya es suficiente. Creo que lo he entendido.

¿Quién era este tipo? Primero lo veo circulando por el pasillo montado en una silla de ruedas como si estuviera corriendo una prueba de Fórmula Uno. Luego me viene con una historia extraña de que es mi nuevo «médico de familia», y ahora repasa detalles de mi vida privada con una precisión asombrosa. Me sentía cada vez más preocupada. Quizá este joven fuera peligroso...

—Escuche, no tengo la menor idea de quién es usted y tampoco me importa —mentí—. Estoy cansada, me duele todo y necesito reposo. Le sugiero que vuelva a su silla de ruedas, se marche por donde ha venido y se olvide de que hemos hablado en alguna ocasión. Si no lo hace —añadí con el tono más amenazador de que fui capaz—, le pediré a las enfermeras que llamen a los de seguridad inmediatamente.

El joven se quedó tan campante y sin inmutarse en lo más mínimo. Luego se echó a reír. Al principio suavemente, pero no tardó en reírse a mandíbula batiente.

—¡Oh, Catherine, si pudieras verte a ti misma! —exclamó

mientras me tuteaba descaradamente—. Enfadada con un monje que lleva la bata de médico mientras tú vas vestida con esa ridícula bata de hospital que te deja la espalda al aire. Siempre me gustó tu valor. Sigues sin dejar que nadie se propase contigo. Me alegra ver que no has cambiado ni un ápice en todos estos años.

Sabía mi nombre. Ahora sí que estaba inquieta de verdad. Ya había comenzado a caminar hacia el mostrador de las enfermeras en busca de ayuda cuando el joven tendió la mano rápidamente para poner algo en la mía.

—¡Suélteme! —grité en un intento de llamar la atención de las enfermeras.

—De acuerdo. —El joven se apartó—. Devuélveme mi mariposa y me marcharé.

—¿Su mariposa? ¿De qué demonios habla? Está loco —protesté a voz en cuello y entonces miré el objeto que tenía en la mano—. ¿De dónde la ha sacado? —pregunté, un poco más tranquila—. Mi papá me dio una idéntica cuando era mucho más joven —añadí en voz baja—. Las mandó hacer especialmente para mí y mi hermano Julian. Eran piezas únicas y originales. Nunca habíamos visto nada parecido. Si quiere saber la verdad, creía que solo existían estas dos en el mundo. Supongo que estaba en un error.

—Solo hay dos como estas en el mundo —afirmó él con un tono muy suave.

Me quedé atónita. Si solo había dos de estas mariposas de oro, y yo tenía una en casa, y Julian tenía la otra, ¿cómo era posible que este extraño visitante tuviera una? Una vez más me sentí consternada. Quizá Julian estaba metido en problemas.

—¿Conoce usted a mi hermano Julian? —le pregunté, esperanzada.

—Mucho mejor de lo que puedas imaginar. Yo diría que Julian y yo estamos muy unidos —me contestó. Su sonrisa daba a entender que sabía mucho más de lo que decía.

—¿Dónde está? —le pregunté, ansiosa.

—Está aquí. Para ser más precisos, en este mismo hospital.

—No me tome el pelo. —El corazón comenzó a latirme a toda velocidad. Me sentí un poco mareada. Mi hermano, el gran litigante, con su vida destrozada por la tragedia, el hombre que se había marchado a la India hacía muchos años para encontrarse a sí mismo y salvar su alma, había regresado y ahora estaba en este mismo hospital. ¡Imposible!—. ¿Dónde está? —pregunté, un poco harta de los juegos del joven.

—Julian está aquí mismo, delante de tus ojos. Julian ha vuelto. Julian ha regresado y, si se me permite decirlo, mejor que nunca —contestó alegremente mientras se marcaba unos pasos de baile.

—Lo siento mucho —manifesté con sinceridad—. Creo que tiene buenas intenciones y la intuición me dice que es inofensivo. Pero que me maten si sé quién es usted y por qué está aquí. Si sabe dónde está Julian, ¿por qué no me lo dice?

El joven se apartó un poco más y levantó las manos unidas de la manera que había visto que hacen en la India cuando la gente se saluda. Permaneció inmóvil mientras me miraba fijamente a los ojos. No dijo nada por unos segundos, lo único que se escuchaba era su respiración. Una lágrima solitaria le rodó por la mejilla. Luego pareció recuperar la compostura y se enjugó la lágrima lentamente con una de las mangas de la túnica antes de decidirse a responder a mi pregunta.

—Porque, mi querida hermana Catherine, yo soy Julian.

El joven salió finalmente de la penumbra y, por primera vez, se situó en la zona iluminada. Aunque la transformación física era extraordinaria, yo no tenía ninguna duda de que acababa de escuchar la verdad. Mi querido hermano, que se había marchado a vivir vaya a saber qué aventuras en el Himalaya, había regresado.

CINCO

El milagroso viaje del gran Julian Mantle

> Aquel que quiere conseguir poco debe sacrificar poco; aquel que quiere conseguir mucho debe sacrificar mucho; aquel que quiere conseguir el máximo debe sacrificarlo todo.
>
> JAMES ALLEN

No pude contener la emoción. Después de estar tanto tiempo alejada de mi único hermano, mi corazón se sentía desbordado por la alegría de ver que finalmente había vuelto. Lloré sin poder contenerme, y creo que derramé más lágrimas en aquellos primeros minutos que todo lo que había llorado en los diez años anteriores a este emocionante reencuentro. Mientras nos besábamos y abrazábamos, me costaba dar crédito a lo mucho que había cambiado Julian. ¿Cómo había conseguido este milagro y qué experiencias había tenido mientras estaba lejos? Según mis cálculos, ya estaría rondando los sesenta y, con toda sinceridad, la última vez que lo había visto parecía al menos veinte años mayor de lo que en realidad era. En aquel entonces, su rostro marchito había sido un claro testimonio de sus sufrimientos y de su estilo de vida absolutamente desequilibrado.

Con un exceso de peso aberrante, no dejaba de toser y le costaba trabajo respirar. Yo había tenido muy claro que el viejo Julian estaba dominado por el deseo de morir y hacía todo lo posible para conseguir acabar con su vida cuanto antes.

El Julian que tenía ahora ante mis ojos era el ejemplo perfecto de una salud excelente. Su cuerpo era fuerte, esbelto; y su porte, impactante. Su rostro irradiaba la fuerza y la alegría de la juventud. Lo más notable de todo eran sus luminosos ojos y de mirada penetrante. Había algo en ellos que me decían que este joven tenía un alma vieja que había visto y aprendido más de lo que cualquiera le hubiera imaginado capaz. Parecía sabio, experimentado, sincero y bondadoso. «La derrota personal más profunda que pueden sufrir los seres humanos está representada por la diferencia entre lo que uno es capaz de llegar a ser y lo que uno es», señaló Ashley Montagu. El hombre que tenía delante, que transmitía la sensación de una fuerza tremenda y, al mismo tiempo, de una enorme humildad, parecía la clase de persona que se había convertido en todo lo que era capaz de ser. Soy incapaz de describir por qué tuve este sentimiento. Digamos que en aquel momento tenía la sensación de encontrarme delante de un ser humano que había sido capaz de conectar con su propia y particular forma de grandeza.

—Sé que resulta imposible de creer, Catherine. Pero de verdad que soy yo. ¡Dios, resulta increíble volver a verte, hermanita! No tienes ni idea de lo mucho que te he echado de menos y de qué manera… —afirmó Julian mientras me daba otro abrazo de oso seguido de un tierno beso en la frente.

—Podrías haberme llamado o al menos habernos escrito una carta —le recordé.

Hizo una pausa muy larga mientras una expresión de dolor aparecía en su rostro.

—Siento mucho haber cortado toda relación de aquella manera, pero después de la muerte de Ally, tenía destrozados el corazón y el espíritu. Nunca había sentido tanto dolor en toda mi vida. Algunas veces sufría tanto por la pérdida que ni siquiera podía levantarme de la cama. No quería hablar con nadie. No quería ver a nadie. Hice todo lo posible por centrarme exclusivamente en mi trabajo. Era la única cosa que me libraba de pensar en Ally.

—Nosotros podríamos haberte ayudado —señalé con el corazón en la mano.

—No lo creí posible, Catherine. La herida era muy profunda y necesitaba alejarme de este lugar. Te enteraste del infarto que tuve, ¿no?

—Sí —contesté con voz suave mientras él me rodeaba la cintura con el brazo y comenzábamos a caminar de regreso a mi habitación.

—Casi acabó conmigo. Los médicos dijeron que fue un milagro que sobreviviera. Afirmaron que tenía un corazón valiente y unas extraordinarias ganas de vivir. Después del ataque no quería volver a ejercer la abogacía por nada en el mundo. La pasión por mi trabajo se había esfumado y ansiaba otra cosa.

—¿Como qué?

—Sentí la necesidad de descubrir un significado más profundo en mi vida. En esta época en la que vivimos, es algo que está en boca de todos, así que muchos de nosotros nos estamos planteando las grandes preguntas de la vida como de qué va todo esto, por qué estoy aquí y cuál es el verdadero propósito de mi existencia en el planeta.

—Yo también me he enfrentado a esos interrogantes, Julian.

—Eh, es la primera vez que me has llamado Julian, hermanita. ¿Crees de verdad que soy yo?

—Así es. Pero tu transformación es del todo sorprendente. —Me acerqué para besar la mejilla bronceada de Julian y darle otro fuerte abrazo. Él me correspondió con un beso en la frente y seguimos abrazados; ambos sentíamos aquella vinculación humana que solo los hermanos pueden compartir. Mientras estábamos abrazados, advertí que Julian comenzaba a temblar. Miré su rostro y vi que lloraba una vez más. Esto hizo que yo también llorara, y muy pronto ambos estábamos llorando como Magdalenas.

Julian no tardó en recuperar el control de sus emociones, pero me di cuenta de que no mostraba nada de la vergüenza que el antiguo Julian hubiese mostrado ante esta manifestación de vulnerabilidad.

—Nunca me has visto llorar de adulto, ¿verdad, Catherine?

—Así es.

—Una de las muchas cosas que aprendí mientras estaba lejos es que todos necesitamos ser auténticos.

—¿Auténticos? —pregunté, sin entender muy bien a qué se refería.

—Sí, Catherine. La mayoría de nosotros nos pasamos la vida detrás de una máscara que oculta nuestro verdadero ser. En lugar de demostrar la plenitud de nuestra humanidad, trabajamos muy duro para crear una imagen de la persona que supuestamente el mundo desea que seamos. Decimos las cosas que las otras personas quieren que digamos, vestimos las prendas que las otras personas quieren que usemos y hacemos las cosas que los demás quieren que hagamos. En lugar de vivir las vidas que estamos destinados a vivir, acabamos viviendo las vidas de otras personas. Al hacerlo, morimos de muerte lenta. «La muerte solo es una de las muchas maneras de morir», afirmó el explorador Alvah Simon. Así que ahora vivo mi vida de acuerdo con lo que mi corazón me dice que es la manera correcta de vivir. Si tengo ganas de llorar, tal como acabo de hacer porque me siento feliz de estar otra vez contigo, lloro. Si me siento abrumado de alegría, canto. Si siento amor por alguien, lo expreso. Creo que podrías decir que llevo el corazón en la cara. Vivo el momento y disfruto todos y cada uno de los instantes de este magnífico regalo que llamamos vida.

—¿Eso significa que eres «auténtico»?

—Sí, significa que vivo de la manera que estamos hechos para vivir. Son demasiadas las personas que parecen domesticadas.

—¿Domesticadas?

—¡Claro! Se han vuelto tan expertas en mantener las apariencias y hacer las cosas que los demás esperan que hagan que parecen domesticadas, como las focas amaestradas.

—¿No eres un poco duro, Julian?

—La verdad es que no, Catherine. Todos tenemos el gran deber humano de vivir nuestras vidas al máximo. Todos tenemos la profunda obligación humana de vivir la mejor de las vidas posibles y demostrarlo todos los días. Eso significa ser auténtico y prestar atención a nuestra sabiduría interior. Significa decir que no a todas esas cosas que sabes que no son correctas para ti, y decir que sí a todas aquellas prioridades verdaderas que enriquecerán tus días y harán más gratificantes los momentos de tu vida —añadió Julian—. Podría haber vuelto a ejercer la abogacía, pero eso hubiera significado una derrota personal.

—¿Cómo es eso?

—Porque he aprendido de mis padeceres en la vida que todo lo que nos ocurre es por alguna razón.

—Estoy absolutamente de acuerdo contigo —manifesté porque era un principio que acababa de descubrir hacía poco en mi propia vida.

—No solo eso, sino que también he aprendido que los fracasos y los sufrimientos en la vida son en realidad nuestros mejores amigos. Alexander Graham Bell expresó este punto con toda claridad cuando comentó: «Cuando una puerta se cierra, otra se abre». Pero a menudo nos quedamos mirando durante tanto tiempo y con tanta pena la puerta cerrada que no somos capaces de entrar por la otra que se ha abierto ante nosotros —dijo Julian muy concentrado en sus palabras.

—Cierto del todo —confirmé.

—Sí, Catherine. Nuestras heridas acaban por darnos la sabiduría. Las piedras con las que tropezamos se convierten en peldaños, y nuestros fracasos nos llevan a ser fuertes. Como Leighton escribió en una ocasión: «La adversidad es el polvo de diamante que el cielo utiliza para pulir sus joyas».

—Hermosas palabras. Déjame que las escriba —le pedí, entusiasmada.

—No es necesario, hermanita. Yo te enseñaré todo lo que necesites saber y créeme, no te olvidarás de ni una sola cosa. Pero esto es lo que quiero decirte: podría haber vuelto a ejercer la abogacía y ganar muchísimo dinero. Pero hacer eso hubiese sido no hacer caso de la oportunidad que me ha ofrecido la vida. Tenía que haber alguna razón que explicara la muerte de Ally, mi divorcio y el infarto que tuve. Sabía que si aceptaba el desafío y salía del marasmo de la autocompasión en el que estaba metido, descubriría algo que me llevaría a vivir la vida desde otra prespectiva, y presentí que allí conocería una alegría, una felicidad y un amor que nunca había experimentado.

—¿Amor? No recuerdo haberte escuchado nunca hablar del amor, Julian. ¡Dios, cuánto has cambiado!

—El amor es lo que más necesitamos en este mundo, Catherine, y no solo me refiero a amar a otras personas, debemos mostrar amor a nuestro trabajo, a nuestro entorno y, lo que es más importante, a nosotros mismos. Entonces podremos dar todo nuestro amor a las otras personas. Lo que quiero decir es sencillamente esto: todo lo que hagas mientras vives tus días debe hablar de amor. Leon Tolstoi escribió: «Solo hay una cosa que define una acción como buena o mala: si aumenta la cantidad de amor en el mundo, es buena. Si separa a las personas y crea animosidad entre ellas, es mala».

—O sea que para ser más humana tendría que expresar no solo más amor a Jon, a los niños y a todas las personas a mi alrededor, sino también al trabajo. ¿Es eso lo que dices? ¿Que si lo hago seré una persona auténtica, que funciona? ¿Pero eso no conduce precisamente al desequilibrio al que me vengo enfrentando desde hace tanto tiempo? No creo que deba trabajar. Lo que debería hacer es trabajar menos.

—Una observación muy interesante, Catherine. Bueno, supongo que todo se reduce a lo que tú entiendas por trabajo. Hablas del trabajo en un sentido muy limitado. Yo hablo de amar el trabajo de tu vida.

—¿El trabajo de mi vida?

—Sí. Quizá para ti el trabajo de tu vida es criar a dos preciosos hijos que saldrán al mundo para convertirlo en un lugar mejor y más adecuado. También creo que el trabajo de tu vida abarca a BraveLife.com y las vidas que estás transformando con la empresa.

—¿Qué sabes tú de BraveLife.com? —pregunté, sorprendida—. Creía que estabas enclaustrado en algún monasterio perdido en el Himalaya.

—Desde mi regreso he leído muchas cosas de ti. Has estado haciendo algunas cosas muy importantes en el mundo empresarial, hermanita, aunque no me sorprende. Salta a la vista que te enseñé muy bien —proclamó Julian con un orgullo burlón.

—No saques tanto ese pecho musculoso que tienes ahora, hermano. Todo lo conseguí con mi propio esfuerzo —repliqué.

—¡Siempre tan independiente, Catherine...! Esa es una de las cosas que siempre me ha gustado de ti, junto con tu tesón y tu compromiso a destacar en todo lo que emprendieras. Pero volvamos a lo que te estaba diciendo: ama el trabajo de tu vida. Ama todo y a todos. Tu vida cambiará.

—¿Podrías darme un ejemplo?

—El mejor es repetirte las palabras de aquel gran filósofo Kahlil Gibran. Creo que son muy hermosas: «Cuando trabajas, tú eres la flauta que convierte en música el susurro de las horas. Amar la vida a través del trabajo es compartir el más preciado secreto de la vida. Todo trabajo es vacío salvo cuando hay amor; por el trabajo el amor se hace visible». Por lo tanto, ama tu trabajo en BraveLife. Entrégate a él y en el proceso añade significado a las vidas de los demás. Pero también ama tu trabajo de madre y tu papel como compañera de Jon.

—De acuerdo —contesté absolutamente fascinada—. Ahora explícame con todo detalle qué hiciste después del infarto.

—Lo primero que hice fue tomar muy conscientemente la decisión de vender todo lo que poseía. Tenía que viajar liviano y todas mis posesiones terrenales solo servirían para nublar mi mente y entorpecer mi vida. Decidí reducir mi vida a lo esencial de la existencia humana y simplificarlo todo al máximo. Así que vendí la casa, el avión... Vendí la isla.

—Vendiste hasta el Ferrari, Julian. ¡No me lo podía creer cuando me lo dijeron!

—Creo que incluso me sorprendí a mí mismo con aquel pequeño gesto —comentó Julian con una sonrisa mientras acariciaba el bordado de la manga de su hermosa túnica—. Me fui a la India, un lugar donde estaba seguro de encontrar muchas de las respuestas a las preguntas que me había formulado. Aquel fue un período espiritual francamente increíble en mi vida. Me sentí liberado por primera vez en muchos años. Sabía que me estaba embarcando en un gran viaje que me llevaría a una comprensión del todo nueva del sentido de la vida. George Bernard Shaw escribió que «estar en el infierno es ir a la deriva; estar en el cielo, guiar». Por primera vez después de tanto tiempo sentí realmente que tenía el futuro en mis manos. Comprendí que viviría como yo quería y no por defecto, que es como muchos de nosotros vivimos nuestras vidas.

—Estoy de acuerdo contigo, Julian. La mayoría de las personas parecen vivir sus vidas de una manera automática; reaccionan a los hechos de todos los días en lugar de crear las circunstancias que ven en sus sueños —señalé, llevada por la inspiración que me daba mi hermano.

—Muy bien dicho, Catherine. ¡Oh, estoy impresionado! —gritó Julian. Movido por el entusiasmo descargó sendas palmadas con sus manos morenas sobre las rodillas—. Siempre has tenido una mente de primera, pero ahora tienes el corazón de un poeta.

—No es para tanto, Julian... —repliqué humildemente.

Julian me relató cómo había viajado a través de la India: algunas veces en tren, otras en bicicleta y también a pie. Le encantaba conocer a la gente de una cultura tan rica y aprender sus sabias maneras. Visitó templos antiguos y contempló muchas majestuosas puestas de sol desde ruinas milenarias. Poco a poco reanudó el contacto con su espíritu de la infancia y recuperó su sempiterna sonrisa.

—Solía contemplar las estrellas durante horas. Leía con pasión los textos filosóficos y tomaba nota en mi manoseado diario de todas mis impresiones. Daba largos paseos con santones y yoguis, y los machacaba a preguntas sobre cuál era el verdadero y más grande propósito de la vida y cómo podía llenar mis días de mayor sentido y gracia. Les preguntaba cómo se podía ser más sano, feliz y más receptivo a la vida antes de que fuese demasiado tarde. Me preguntaba cómo podía profundizar mis relaciones y encontrar el amor que había perdido después de que Ally muriera y mi esposa me abandonara. Les animé a que me enseñaran cómo reducir el ritmo de mi mente desbocada y a descubrir el profundo sentimiento de paz interior que, como sabía, era uno de los pilares de una vida gratificante de verdad.

—Da la impresión de que fue una época excepcional, Julian. Me ha gustado mucho todo eso de aminorar el ritmo y disfrutar de los placeres más fundamentales de la vida que todos nos perdemos al mantener el ritmo alocado de este mundo nuevo en el que vivimos. No hace mucho recorté un cita que publicó un periódico. Permíteme que te la enseñé. —Abrí el cajón de mi mesa de noche y saqué el recorte. Decía lo siguiente:

> La mayoría de nosotros nos perdemos los grandes premios de la vida: el Pulitzer, el Nobel, los Oscar, los Tony, los Emmy. Pero todos somos candidatos para obtener los pequeños placeres de la vida. Una palmada en la espalda. Un beso detrás de la oreja. Una trucha de kilo. Una luna llena. Una plaza de aparcamiento vacía. Una hoguera. Una buena comida. Una espectacular puesta de sol. Un plato de sopa caliente. Una cerveza bien fría. No sufra por alcanzar las grandes recompensas de la vida. Disfrute de los pequeños placeres. Hay de sobra para todos nosotros.

—Vaya, eso es muy bueno, Catherine. Me gustaría haber sido yo quien lo escribiera. De verdad deja bien claro lo importante que es disfrutar de los placeres básicos que nos ofrece la vida a medida que avanzamos por nuestro camino. Ahora he aprendido que el camino es tan bueno como el final y que es muy importante no postergar el ser feliz hasta que se produzca algún acontecimiento futuro. Somos demasiados los que nos engañamos a nosotros mismos en este aspecto.

—¿Podrías ser más claro?

—Por supuesto. Nos decimos a nosotros mismos que seremos felices cuando consigamos el gran ascenso o aquel nuevo trabajo. Creemos que disfrutaremos más de la vida cuando nuestros hijos crezcan y se marchen a la universidad. Nos convencemos de que tendremos tiempo para contemplar las estrellas y dedicarnos a nuestras pasiones una vez nos jubilemos. Pero esa es la gran mentira de la vida. La felicidad no llega por la consecución de determinados objetivos. Llega cuando tienes cierta forma de pensar. La felicidad no es más que un estado de la mente que tú mismo creas cuando procesas e interpretas los hechos de tu existencia. Llega cuando das gracias por todo lo que ya tienes y aprendes a desarrollar un profundo sentimiento de gratitud por todas las pequeñas maravillas de tu vida. Como comentó en una ocasión el sabio pensador Cecil: «A medida que transcurren los años, cada vez me convenzo más de que lo más sabio y mejor es fijar nuestra atención en todo lo que es hermoso y bueno, y pensar lo menos posible en lo que es malo y falso».

»Pero todavía es más importante recordar que la mano que da es la mano que recoge, y que ser generoso con los demás pone en marcha el proceso de recibir. No conviertas la felicidad en una meta en sí misma. Haz que tu objetivo principal sea el servir a los demás y el deseo sincero de enriquecer la vida de los demás; entonces será cuando llegue la felicidad. "Imagínese que el propósito de la vida solo sea conseguir su felicidad; en ese caso, la vida se convierte en algo cruel y carente de sentido", escribió Tolstoi. "Tiene que aceptar aquello que le dicen la sabiduría de la humanidad, su intelecto y su corazón: que el significado de la vida es servir a los intereses de la fuerza que lo puso en este mundo. Entonces la vida se convertirá en alegría."

—Unas palabras muy sobresalientes. Tendré que pensar más en ellas cuando esté sola. Pero ahora, por favor, cuéntame más cosas de tu viaje. Es una historia increíble.

—Después de unos cuantos meses del más intenso desarrollo y descubrimiento personal que había experimentado en toda mi vida —continuó Julian—, sentí un ansia cada vez mayor por obtener una sabiduría que nos lleve a vivir una vida más plena y llena de alegría. Interrogué a cuanto maestro y santón conocí para que me revelaran las verdades más profundas y me ayudaran a hallar más conocimiento. Todos y cada uno de ellos se mostraron generosos y compartieron conmigo todo lo que sabían sin esperar en absoluto recibir nada a cambio. Ahora sé que estaban aplicando lo que se conoce como el Principio de la Abundancia.

—¿El Principio de la Abundancia? Nunca lo escuché mencionar —repliqué dominada por la curiosidad. Me senté en la cama muy atenta a las palabras de mi hermano.

—Es aquel eterno e inmutable principio de la naturaleza al que acabo de referirme. Dice que «cuanto más das a los demás, más acabarás por recibir». He descubierto que si quieres más abundancia y prosperidad en la vida, tienes que dar más. La abundancia es una energía que circula por todo el mundo, y cuanto más das, más volverá a ti. El Principio de la

Abundancia también funciona magníficamente bien en los negocios. Para llegar a ser rica, no desees ganar más dinero y pregúntate a ti misma cómo puedes ayudar a más gente. Cuanto más te centres y te comprometas a añadir significado a las vidas de las personas a las que sirves, más comenzará el dinero a fluir como un río. Jamás olvides, Catherine, que el dinero no es más que el pago del universo por los valores contribuidos y los servicios prestados. Cuantos más valores puedas aportar, más dinero ganarás.

—¿Me estás diciendo que en el mundo de los negocios es un error ganar dinero como objetivo prioritario?

—Así es. No hay que buscar el dinero. El dinero es el subproducto que llega a tu vida cuando tu objetivo es ayudar a otras personas a vivir una vida mejor y realizar sus propios sueños. Tal como lo expresó Viktor Frankl con tanta perfección: «El éxito, como la felicidad, no puede ser buscado. Tiene que venir dado. Y esto solo ocurre cuando la parte desinteresada de nuestra dedicación personal es para una causa superior a nuestro propio ser». En la India —añadió Julian—, entre tanta sabiduría y amor por la humanidad, comprendí que hay un propósito último en todas y cada una de las vidas.

—¿De verdad?

—De verdad, hermanita. Todos estamos aquí para vivir unas vidas heroicas y marcar, cada uno a nuestra manera, una diferencia en el mundo. No hace mucho leí unas palabras del general James Doolittle de la fuerza aérea norteamericana, quien señaló este punto que intento transmitir con estas palabras: «Estamos en este mundo con un propósito y es el de transformarlo en un lugar mejor. Por lo tanto, debemos ser miembros activos de la sociedad. Si el mundo, como resultado de nuestro paso, llega a ser un lugar mejor del que era antes de que llegáramos, entonces habremos cumplido con nuestro destino».

—Si es así, ¿por qué no somos muchos más los que descubrimos la llamada? ¿Por qué tantos de nosotros vivimos infelices e insatisfechos?

—Porque estamos tan ocupados llenando nuestras vidas con tonterías, posesiones y ocupaciones que no nos queda tiempo para pensar en las cosas que importan de verdad. Esto me recuerda las palabras de un viejo maestro zen que decía: «La mayoría de las personas intentan conseguir más cosas cada día mientras que yo busco tener menos cada día». Si solo fuésemos capaces de aminorar un poco nuestro ritmo, apretar la tecla de la pausa un poco más a menudo y echar una mirada al gran cuadro de nuestras vidas, llegaríamos a tener una mayor comprensión de por qué estamos aquí y lo que debemos hacer. Sé que no quieres siquiera que te mencionen estar en un avión, pero hay una metáfora que necesito compartir contigo.

—Tienes razón, todavía me aterroriza la idea de volar, pero continúa.

—No te preocupes, Catherine. He hablado con todos tus médicos e incluso con algunos de mis viejos amigos, los mejores médicos del país; he leído todos los informes y controlado tus progresos. Todos me dicen que lo estás haciendo muy bien y que te recuperarás del todo. Sé que has pasado por una tragedia y, créeme, el verdadero propósito de mi visita es ayudarte a que superes este trance. Pero lo que quiero explicarte es algo muy sencillo: si vuelas en un avión, digamos a diez mil metros de altura, y miras abajo, tienes una perspectiva completa del mundo. Los árboles no te impedirán ver el bosque porque ves el cuadro completo.

—Estoy de acuerdo. Vemos el cuadro completo.

—Bien dicho. Lo que necesitamos hacer más a menudo en nuestras vidas es subir a diez mil metros de altura.

—¿Tenemos que volar más? —pregunté, un tanto confusa.

—No, lo que digo es que necesitamos recuperar la perspectiva de nuestras vidas para poder identificar y después reorganizar la manera en que vivimos de acuerdo con nuestras prioridades más importantes. Tenemos que «subir a diez mil metros de altura» para tener, a vista de pájaro, una perspectiva correcta de la manera en que empleamos nuestros días, realizar las correcciones necesarias en nuestro rumbo y volver a la senda correcta que nos llevará a nuestro destino. Es algo que la mayoría no hace con la frecuencia necesaria. Como dijo la pensadora Joanna Smith Bers:

> Necesitamos definir nuestras prioridades —los valores, los propósitos y los sueños que nos guían— y construir nuestros mundos alrededor de esas cosas. No es suficiente con pasar el día. Necesitamos hacer que cada día sea la base para conseguir lo que queremos de la vida. Debemos ser responsables de nosotros mismos y del mundo en que vivimos de forma tal que podamos vivir con nosotros mismos y con el mundo que nos rodea.

—¡Vaya! —exclamé. Nunca nadie había sido capaz de compartir conmigo una sabiduría que me resultara tan comprensible... Los pensamientos se agolparon en mi mente mientras identificaba todas las cosas que no funcionaban en mi vida y todas las prioridades que había descuidado durante mucho tiempo. Sobre todo pensé en mi familia. Echaba mucho de menos a Porter y a Sarita. Me pregunté si Jon estaría bien y qué estaría haciendo en casa en estos momentos. Comencé a prometerme los cambios que haría y todas las nuevas acciones que emprendería en cuanto me dieran el alta y saliera del hospital. Luego mis pensamientos volvieron a centrarse en Julian. Mi hermano se había convertido en algo que no tenía nada que ver con la persona que había sido una vez. El viejo Julian había sido brillante, tenaz y carismático. Pero el nuevo Julian era reflexivo y sabio. Lo quería mucho más de esta manera.

»Decías que habías presionado a los sabios que encontrabas para que te hablaran de unos conocimientos todavía más profundos, Julian. ¿Qué pasó?

—Aprendí algunas cosas sorprendentes y descubrí cosas de mí mismo que nunca había imaginado.

Julian se había instalado cómodamente en la silla junto a mi cama con sus largas piernas estiradas y las manos apoyadas detrás de la cabeza. Su rostro mostraba una expresión de entusiasmo mientras hablaba, y sus ojos se iluminaban apasionados con el mensaje. Yo estaba hechizada por todo lo que mi hermano decía e hipnotizada por cada una de las palabras que pronunciaba.

—Después de viajar durante unos meses por el norte de la India, comencé a escuchar rumores acerca de un grupo de monjes que vivían en lo más alto del Himalaya. Según la leyenda, estos sabios, conocidos como «los grandes Sabios de Sivana» (Sivana significa «oasis de ilustración» en su idioma), habían desarrollado un extraordinario sistema que permitía a cualquiera alcanzar un dominio notable de las dotes personales y la gratificación interior. Estos sabios habían conseguido resumir toda la sabiduría de los siglos en un práctico y extremadamente poderoso método que empleaban para disfrutar de sus vidas con un extraordinario grado de paz, alegría y realización personal. El único problema era que nadie parecía saber dónde encontrar a estos esquivos monjes. También me enteré de que muchos habían muerto en el intento.

»En cualquier caso —prosiguió Julian después de beber un trago de té de mi taza—, tú sabes que siempre he confiado en asumir riesgos. Es como papá siempre nos decía: "Al final de nuestras vidas, lo que más lamentaremos no serán los riesgos que asumimos. Lo que llenará nuestros corazones con una pena muy profunda serán todos aquellos riesgos que no corrimos, todos los miedos que no afrontamos y todas aquellas maravillosas oportunidades que no aprovechamos". Recuerda, Catherine, al otro lado del miedo está la libertad. Así que me despreocupé de todo lo demás y, con todo el entusiasmo que fui capaz de reunir, emprendí el camino hacia el Himalaya a la búsqueda del conocimiento definitivo que me había prometido descubrir. Si no encontraba a los monjes, estaba preparado a morir en el intento.

»Durante muchos días y noches, trepé por aquellas terribles montañas. Aunque padecía muchos sufrimientos y en más de una ocasión me encontré muy cerca de la muerte, también conocí una belleza que nunca había visto antes —afirmó Julian—. Supongo que fue el panorama salvaje y la sencillez del entorno lo que me conmovió tan profundamente... En aquella caminata me sentí absolutamente vinculado con el universo y parte de algo mucho más grande que yo mismo. Nunca me di por vencido. Continué subiendo y subiendo, confiado siempre en que sobreviviría y en que, en algún momento, encontraría a los sabios. Tú sabes que siempre he creído que la perseverancia es una cualidad que necesitamos cultivar dentro de cada uno de nosotros si queremos llegar allí donde soñamos que queremos ir en la vida. "Algunos triunfan porque están destinados a hacerlo; la mayoría, por estar decidida a hacerlo", escribió Anatole France.

»Después de muchos esfuerzos, finalmente llegó lo que

anhelaba. Un día, vi fugazmente una figura, vestida de una manera muy extraña: con una larga túnica roja rematada en una capucha azul oscuro. No podía creer que alguien más pudiera estar solo en estos parajes. ¿Con qué propósito podría estar alguien aquí?, me pregunté.

»Le grité al escalador, pero en lugar de detenerse para hablar conmigo, la figura aceleró el paso y se alejó velozmente por la senda que seguíamos. Cuando lo volví a llamar, esta vez a voz en cuello, el extraño viajero comenzó a correr a gran velocidad con el rostro oculto por la capucha y la túnica roja ondeando al viento. ¡Por favor, estoy en un grave apuro!, grité. ¡Necesito su ayuda para encontrar un lugar llamado Sivana. Busco a los sabios y creo que me he perdido!

»Fue entonces cuando la figura se detuvo bruscamente. Al acercarme a la misteriosa persona que ocultaba todavía la cara con la capucha, el viajero se volvió y comenzó a caminar en mi dirección. De pronto, un rayo de sol le dió en el rostro, y vi que se trataba de un hombre. Pero debo decirte, Catherine, que nunca había visto a un hombre como aquel. Nunca. Calculé que estaría cerca de los sesenta, pero su tez morena se veía tersa y lozana. Su cuerpo parecía atlético y fuerte, y todo él irradiaba una vitalidad inagotable. Todavía recuerdo sus ojos, de una mirada tan penetrante que me vi obligado a desviar la mía por un instante.

»Tenía muy claro que mi búsqueda había llegado a su fin. Estaba convencido: este tenía que ser uno de los grandes sabios de Sivana. Así que le abrí mi corazón a este ser humano, le pedí su ayuda y le expliqué por qué había arriesgado mi vida para llegar a este lugar lleno de peligros. Le hablé de mi vida anterior, el éxito que había vivido como la superestrella de la abogacía, la vida por todo lo alto que llevaba, y luego de la tremenda pérdida que había sufrido con la muerte de Ally. Le supliqué que me llevara con él a la comunidad de sabios y que me permitiera aprender de su enorme sabiduría y descubrir los secretos de una vida significativa.

Julian me contó que el hombre había escuchado su relato con mucha atención y sin decir ni una palabra. Ni siquiera estaba seguro de que el sabio hubiese entendido nada de lo que le había dicho. Entonces, cuando menos lo esperaba, el sabio le pasó el brazo por los hombros a mi hermano.

—Si tienes realmente el sincero deseo de aprender la sabiduría de cómo vivir mejor tu vida, entonces es mi obligación ayudarte. Nunca rehusaré ayudar a nadie que acuda a mí necesitado. Dar ayuda a aquel que la requiere es uno de nuestros votos sagrados y uno de los que más aprecio. Soy efectivamente uno de los sabios a quienes has venido a buscar desde tan lejos. Tú eres la primera persona que nos ha encontrado en muchos años. Enhorabuena, admiro tu tenacidad. Has tenido que ser todo un abogado... —comentó con una sonrisa.

Luego, el sabio guió a Julian hasta el recóndito lugar donde vivían él y los otros monjes, con la promesa de que lo recibirían con los brazos abiertos y le enseñarían los antiquísimos principios que sus antepasados les habían transmitido a lo largo de los siglos.

—Sin embargo, este sabio me impuso una condición —manifestó Julian con expresión grave—. Todavía recuerdo sus palabras: «Antes de llevarte a nuestro mundo privado y compartir nuestro conocimiento colectivo, debo pedirte que me hagas una promesa. Aunque vivimos aislados en estas montañas mágicas, somos muy conscientes de la confusión en que está sumido tu mundo. Las personas se olvidan cada vez más de lo que es vivir con decencia y amor. La gente ha perdido de vista las cosas que importan de verdad. Se sacrifica el significado en aras del dinero, y se busca el beneficio en lugar del propósito. Las familias han dejado de ser la máxima prioridad y, en consecuencia, los cónyuges y los hijos sufren sin ninguna necesidad. Ya nadie tiene tiempo para renovarse a sí mismo y cultivar sus relaciones humanas más importantes. Se han olvidado de que los pequeños placeres de la vida, como la magia de la risa de un niño o la gloriosa belleza de un amanecer, son los más importantes. Estoy convencido del todo de que las personas de tu parte del mundo se merecen disfrutar de unas vidas más plenas y felices. Sé que hay esperanzas para todas esas personas, y la intuición me señala que tú tendrás que ser el portador de esta esperanza. Mientras estés aquí con nosotros en estas montañas místicas, descubrirás un extraordinario método para tomar verdaderamente las riendas de tu vida. Aprenderás muchísimo sobre el poder que tiene el espíritu humano para hacer el bien en este mundo caótico. Descubrirás cómo ser más fuerte, más sano, más feliz y más sabio de lo que nunca has sido. También llegarás a comprender lo importante que son las relaciones significativas para vivir de verdad y aprenderás algunas técnicas muy especiales para restaurar el verdadero sentido del amor por tu vida.

—¿El amor? —preguntó Julian, sorprendido de que el sabio lo valorara.

—Sí —respondió el otro en el acto—. Todos necesitamos más amor en nuestras vidas. Este mundo sería muchísimo mejor si expresase más amor. Pero antes de llevarte a nuestro hogar y que conozcas a todos mis hermanos y hermanas, y comiences a aprender nuestra cultura, primero debes prometerme que compartirás las lecciones que aprenderás a nuestros pies con todos aquellos de Occidente que necesitan escucharlas. Debes ser el transmisor de la antigua sabiduría de la vida que hemos acumulado y difundirla por todo tu mundo de manera que muchas personas se beneficien y muchas vidas resulten transformadas. Lo más importante en la vida no es lo que consigues de ella, sino lo que tú le das. El objetivo principal de la existencia es ayudar a los demás y bendecir al mundo con la manera en que vives. Debes comprometerte desde lo más profundo de tu corazón a dirigir el resto de tus días de acuerdo con este sencillo principio que ha caído en el olvido. ¿Lo prometes?

—Acepté la condición sin vacilar —me dijo Julian antes de hacer una pausa—. Al cabo de unas pocas horas me encontraba en el pueblo más sorprendente que había visto en toda mi vida. Era de una hermosura indescriptible; parecía una imagen surrealista. Créeme si te digo que nunca había visto nada igual, Catherine. Todas las casas, incluido el templo en el centro del pueblo, estaban cubiertas de rosas.

—¿Rosas?

—Así es, rosas. La fragancia de aquel lugar era tan fuera de lo común. Todos y cada uno de los habitantes de Sivana tenían el mismo aspecto del gran sabio que me había llevado allí. Todo aquel lugar me había impresionado. La verdad es que me costaba creer que existiera. Había arriesgado mi vida para encontrar este lugar legendario. Por fin lo había encontrado, y ahora me habían otorgado el privilegio de ser parte de la comunidad y de aprender a sus pies. Era tanta mi alegría que lloré de felicidad.

La historia de Julian me había tenido hechizada durante casi dos horas. Las aventuras de mi hermano parecían propias de un relato novelesco y, sin embargo, las había vivido de verdad. Por alguna razón, las enfermeras habían decidido dejarnos a solas, quizá porque habían intuido que él era un familiar y que la visita me daría nuevos ánimos. Me pregunté qué opinarían de su atuendo. Probablemente sería el primer monje que habían visto por aquí, pensé divertida. Estaba impaciente por enterarme de todo lo que había aprendido Julian en Sivana. Ahora sé por qué había dicho que había regresado para ayudarme. Había vuelto a casa para cumplir con la promesa hecha al sabio de compartir la sabiduría y el sistema de renovación de la vida. Confiaba en que Julian pudiera ayudarme a reparar mis relaciones familiares y que me enseñara a convertir mi casa en un hogar colmado de felicidad. Por primera vez en mucho tiempo, me sentí emocionada ante la perspectiva de llevar una vida más gratificante. El vacío que me había rodeado durante muchos años comenzó a desvanecerse como los negros nubarrones de tormenta para dar paso a los primeros rayos de sol. Julian se levantó de la silla.

—Catherine, me siento feliz de verte —dijo con ternura—. Pero ahora tengo que marcharme durante unas horas. Hay algunos asuntos que debo atender.

—Julian, no te he visto en años. Por favor, no te marches ahora —le rogué, preocupada.

—Te prometo que volveré. La verdad es que no tengo ahora mismo la intención de marcharme a ninguna parte, así que tendrás que aguantarme te guste o no. Probablemente ya sabes por qué estoy aquí.

—¿Para cumplir con la promesa hecha a los sabios?

—Exactamente. Sabía que tenías problemas. Me enteré del accidente y por eso me apresuré a venir. Pero incluso antes de la tragedia, ya sabía que te estabas hundiendo en las tinieblas. Uno de mis viejos socios me comentó que te habías convertido en una empresaria muy eficiente, pero que tu vida personal era una ruina. Esos dos hijos maravillosos que tienes te necesitan. Tienes la obligación de ponerlos primero y de ayudarles a desarrollar las cualidades del liderazgo que les ayudarán a convertirse un día en adultos de primera. Te enseñaré cómo convertirte en una madre poderosa y encontrar una profunda gratificación en el proceso. Compartiré contigo los secretos de los sabios para mejorar las relaciones de tal forma que tu vinculación con Jon alcance niveles desconocidos. También te enseñaré cómo simplificar la compleja vida que llevas y cómo recuperar el equilibrio.

—¿Crees que deberé renunciar a mi carrera profesional? —le pregunté, un tanto inquieta.

—En absoluto. Estoy aquí para enseñarte que es posible tenerlo todo. Es posible tener una vida profesional satisfactoria donde puedas realizar un magnífico trabajo e influir en muchas vidas y, al mismo tiempo, criar a una familia maravillosa mientras creas una gran cultura hogareña. La verdad —añadió Julian— es que he descubierto que construir una base sólida en el hogar da como resultado un éxito todavía mayor en el trabajo.

—¿Es realmente posible alcanzar el éxito en ambas?

—Por supuesto —respondió Julian mientras caminaba hacia la puerta—. El truco no consiste en trabajar más, sino en hacerlo con inteligencia. Necesitas concentrarte más en tu trabajo y distinguir con absoluta claridad cuáles son las actividades esenciales y cuáles no lo son. Esto te dejará más tiempo libre para tu familia y también tiempo para cuidar de ti misma y llevar a cabo todas aquellas que restaurarán tu paz interior y llenarán de placer todos tus días. Pero ya hablaremos de eso más tarde. Tengo que ir a varios lugares y hablar con unas cuantas personas —me informó Julian con una gran sonrisa. Luego musitó—: Me pregunto qué dirían aquellas modelos con las que salía si me vieran con esta túnica.

—No lo dirás en serio, ¿verdad?

—Por supuesto que no, Catherine. Me he convertido en un hombre que encarna sus palabras y vive su mensaje. Todos necesitamos vivir nuestro mensaje. Mi propia vida es muy diferente de aquella que tú me has visto llevar. Ahora vivo con sencillez y al momento, concentrado solo en las cosas esenciales de la vida. Mis días alocados se terminaron hace tiempo.

—Me alegra saberlo, hermano. Chico, no sabes lo preocupada que me tenías...

—Ya no tienes de qué preocuparte. Gracias, hermanita. ¡Te quiero!

Con estas palabras, el superabogado convertido en monje ilustrado me dio otro beso en la frente y salió rápidamente de la habitación con los faldones de la túnica ondeando al aire. Todo lo que quedó de la sorprendente visita fue un objeto que había dejado junto a mi almohada. Cuando le di la vuelta, vi que Julian había escrito unas palabras con una letra muy menuda. Me puse las gafas y leí el mensaje: «Catherine, tus hijos son el mayor parabién de tu vida y solo serán niños una vez. Ponlos por delante de todo lo demás y tu vida prosperará. Me siento muy feliz de estar en casa. Tu admirador, Julian».

SEIS

La primera destreza del líder familiar

El liderazgo en la vida comienza con el liderazgo en el hogar

> Ojalá alguien me hubiese dicho hace veinticinco años que encontraría el significado duradero de mi vida en la formación de los valores de mis hijos, y no en mi éxito profesional.
>
> RABINO HAROLD KUSHNER

> Si los niños crecieran tal como indican sus primeros comportamientos, no tendríamos más que genios.
>
> GOETHE

Hacía poco menos de un mes que había regresado a casa del hospital. Afortunadamente, como Julian había prometido, me había recuperado del todo y volvía a tener toda la fuerza y el empuje que había sido característica en mí en el pasado. Pero eran tantas las otras cosas que habían cambiado como consecuencia de mi despertar a diez mil metros de altitud... Había decidido rentabilizar mi vida laboral y para ello instalé un despacho en el sótano de la casa. Esto significó pasar instantáneamente de un viaje de una hora en coche a otro que solo duraba un minuto. Por otra parte, me encantaba hacer mis llamadas internacionales a los principales ejecutivos de las grandes empresas vestida muy cómodamente con mi pijama de franela. Aunque había reordenado mis prioridades, seguía resultándome deliciosa la descarga de adrenalina que me producía dirigir una empresa, y daba gracias porque Julian me hubiese aconsejado que no renunciara a esta parte de mi vida.

Por prescripción médica, comencé un severo programa de ejercicios que me hizo sentir muy bien, y adopté una dieta mucho más saludable. Se había acabado para siempre la comida rápida y las pizzas de tres quesos con doble de pimiento y beicon. Comencé a pasar mucho más tiempo en mi casa con Jon y los chicos, y me dediqué de verdad a reavivar la alegría que se había perdido por culpa de mis largas ausencias. Uno de los cambios más importantes fue que Julian, el antiguo propietario de una de las más grandes mansiones de la ciudad y un hombre famoso por su feroz independencia, se vino a vivir con nosotros. Se instaló en la pequeña pero muy soleada habitación encima del garaje. Supongo que formaba parte de lo que llamaba vivir su mensaje, y dado que predicaba las bondades de una vida sencilla, me complació comprobar que era el primero en dar ejemplo. No obstante, debo admitir que me resultaba difícil creer que mi hermano, el legendario Julian Mantle, después de regresar de su extraordinario viaje por el Himalaya donde había conocido a los más grandes sabios del mundo, estuviese ahora viviendo con la más total modestia en la habitación encima de nuestra garaje. La vida es capaz de sorprenderte con las cosas más increíbles.

También debo dejar bien claro que no sentía ninguna pena ni compasión por mi hermano. Por supuesto, me apenaba que la vida le hubiese castigado con tanta crueldad. No se merecía perder a su hija Ally, no obstante, dicho sencillamente: para mí no había perdido la gracia. Desde luego, ya no se paseaba por la ciudad en su deslumbrante Ferrari, había vendido su opulenta mansión y ahora vivía en una habitación que apenas era un poco más grande que el baño de su antiguo despacho. Tampoco era el galán que pasaba las noches de juerga con hermosas modelos veinteañeras y banqueros a quienes les parecía muy normal volar a Nassau para pasar un noche en el casino. Él creía que a pesar de no poseer los objetos materiales de su vida anterior, había encontrado algo muchísimo más importante. La salud de Julian era soberbia, había recuperado el espíritu vivaz de la infancia y se había convertido en el guardián de una sabiduría tan enorme que me estremecía de solo pensarlo. Para mí, su vida había pasado de ser compleja a ser absolutamente sencilla. Había cambiado una frustración constante por una celebración jubilosa. No, Julian no había perdido la gracia. La había encontrado.

—Vayamos a las oficinas de BraveLife.com —dijo Julian un día cuando entró en nuestra cocina después de hacer su caminata de todas las mañanas a la hora del amanecer—. Hace años que no visito un edificio de oficinas y siento curiosidad por ver cuánto han cambiado las cosas en el mundo empresarial.

Aunque ahora trabajaba en casa, todos nuestros empleados continuaban en las lujosas oficinas que mis socios y yo habíamos alquilado cuando fundamos la empresa. Teníamos dos pisos en uno de los rascacielos más famosos de la ciudad con unas vistas que cortaban el hipo. Si bien visitaba las oficinas de forma periódica, cada vez me costaba más ir al centro.

—¿Por qué quieres ir allí, Julian? Que yo sepa no se te ha

perdido nada, y hace años que no hablas con tus viejos amigos. Habría jurado que la zona financiera, el lugar donde prácticamente vivías cuando eras el gran abogado, sería el último lugar que desearías visitar.

—Para tu información, te diré que he hablado con un par de amigos desde que regresé del Himalaya, pero esa es otra historia —replicó Julian misteriosamente—. Además, es verdad que necesito ir al centro.

—¿Qué necesitas? Sabes que estoy muy dispuesta a traerte cualquier cosa que necesites.

—En realidad, no es por mí por lo que quiero ir al centro, es por ti.

—¿Por mí? No tengo el menor interés en ir al centro. Soy muy feliz trabajando en casa y todo el mundo se las arregla perfectamente bien en la oficina sin tener que verme dando vueltas por allí. Además, no conseguirías que el guarda de seguridad te deje pasar vestido con esa túnica que insistes en llevar todos los días. ¿Estás seguro de que quieres continuar usándola? Todo el vecindario habla del «monje que vive en la casa de la familia Cruz». Incluso la señorita Williamson, la anciana que se pasa el día sentada en su comedor a oscuras con sus catorce gatos, se me acercó mientras yo estaba trabajando en el jardín para preguntarme quién eras. Estoy segura de que te encuentra atractivo, Julian —añadí con un tono burlón.

—No es mi tipo —afirmó Julian, muy divertido con la idea—. Acepta la invitación, Catherine. Hay una lección que hoy quiero compartir contigo, y tu vieja oficina es el lugar perfecto para hacerlo. La verdad es que tengo la intención de compartir contigo las cinco maestrías; para ser más precisos, *las cinco destrezas del líder familiar.*

—¿A qué te refieres con destreza?

—Una destreza es el arte o el oficio que una persona llega a dominar a la perfección a través de una práctica y una concentración constantes. Durante las próximas semanas compartiré contigo las cinco eternas y fundamentales filosofías que transformarán completamente tus capacidades como madre y la calidad de tu vida familiar. Las cinco destrezas del líder familiar están basadas directamente en las enseñanzas de los grandes sabios de Sivana. Yo solo les he añadido algunas cosillas para mejorarlas —manifestó Julian con una sonrisa—. Hoy tengo la sensación de que estás preparada para aprender la primera.

—¿Cuál es? —le pregunté dominada por la curiosidad.

—El liderazgo en la vida comienza con el liderazgo en el hogar.

—Fascinante. Explícame algo más.

—No, hasta que vayamos al centro —respondió Julian con firmeza—. El escenario tiene que ser perfecto.

—De acuerdo, vamos. Sé que las cinco destrezas cambiarán mi vida. Lo presiento. Tengo la certeza de que la sabiduría que compartirás conmigo revolucionará mis pensamientos, mis palabras y mis acciones —expresé al tiempo que cogía las llaves del coche—. Me parece que ha llegado la hora de que comience a aceptar los riesgos.

—Esa es la actitud correcta, hermanita. Lo importante en la vida es obtener nuevos conocimientos y asumir riesgos cada vez mayores, ¿no te parece? El mayor riesgo en la vida consiste en no correr riesgos cada vez mayores.

—¿No fue Peter Drucker quien dijo: «Hay un riesgo que no podemos aceptar y hay un riesgo que no podemos permitirnos no aceptar»?

—Efectivamente. Si nos remontamos muchísimo más atrás, el filósofo romano Séneca afirmó: «No es que no nos atrevamos porque las cosas sean difíciles. Es porque no nos atrevemos por lo que las cosas resultan difíciles». En mi propia vida, intento asumir un riesgo razonable, aunque sea pequeño, todos y cada uno de los días. De esta manera, crezco y progreso a diario.

—Hace unas semanas vi la película *Rounders*. ¿La has visto?

—Hace años que no veo una película, hermanita. Los monjes por lo general no dedicamos mucho tiempo a ver las películas de la televisión —contestó Julian con una sonrisa de oreja a oreja—. En cualquier caso, las palomitas siempre se me enganchaban en los dientes. Exactamente aquí. —Abrió la boca y señaló la separación entre dos de las muelas de atrás.

—Evítame los detalles desagradables, Julian. La cuestión es que era una gran película sobre la importancia de asumir unos riesgos bien calculados y perseguir tu propio destino, incluso cuando no es precisamente lo más fácil de hacer.

—Parece muy interesante.

—Lo es. La cuestión es que, en la película, Pappa Wallenda...

—¿El gran funambulista? —me interrumpió Julian, entusiasmado.

—Sí, el gran funambulista, Julian. Hay un momento en la película en que Pappa Wallenda dice: «La vida se vive en el alambre. El resto es solo espera».

—Oh, eso es muy bueno, buenísimo, además de ser cierto, Catherine. Las personas que prosperan en la vida son aquellas que tienen grandes sueños y asumen los riesgos que sean necesarios para convertirlos en realidad. Se enfrentan a sus miedos directamente, se meten en el juego y viven con coraje todos y cada uno de sus días. Atraviesan las puertas de sus miedos, por muy asustados que estén. No lo olvides nunca: es mejor ser león por un día que un cordero toda la vida.

—Es una frase muy fuerte, Julian.

—Por lo tanto, Catherine —prosiguió mi hermano—, aunque sé que no te resultará fácil presentarte en las oficinas de BraveLife.com después de estar ausente durante tanto tiempo, por favor, corre el riesgo. La recompensa valdrá la pena.

—¿Me pides que afronte el miedo y lo haga?

—Así es. Como te dije en el hospital, al otro lado del miedo siempre encontrarás la libertad.

Me sentía muy nerviosa cuando Julian y yo entramos en el resplandeciente edificio donde una vez había pasado la mayor parte de las horas del día. Incluso el olor del lugar me inquietó. Un guarda de seguridad se nos acercó cuando nos dirigimos hacia los ascensores para subir hasta lo más alto de este rascacielos de acero y cristal donde estaban las oficinas de BraveLife.com.

—Hola, señora Cruz. Me alegro de volverla a ver. Me enteré del accidente de avión. Todos mis compañeros se apenaron mucho cuando se conoció la noticia. Lamento lo ocurrido a sus socios. Eran muy buenas personas.

—Sí, Matt, eran unos hombres muy buenos y los echo mucho de menos. Gracias por mencionarlos. Creo que me ayuda a enfrentarme a su desaparición cuando escucho lo buenos que fueron con tantas personas... También yo me alegro de verle. No vengo mucho por aquí estos días. Ahora dirijo la compañía desde mi casa para poder estar más tiempo con mi familia. La verdad es que se me hace muy extraño estar aquí otra vez.

—Desde luego es un cambio muy grande, señora Cruz. Yo diría que en este edificio todo el mundo sabe que usted era quien más trabajaba. Recuerdo que entre los compañeros apostábamos a ver quién acertaba la hora a la que llegaría y la hora a la que se marcharía.

—Esos días ya son cosa del pasado, Matt —contesté, un tanto azorada.

—Sus hijos deben de estar muy contentos con su decisión. Yo tengo tres, y sé que lo mejor que puedo hacer por ellos como padre es dedicarles el mayor tiempo posible.

—Tiene razón, Matt. Mis hijos están entusiasmados con tener a su madre en casa. La verdad es que nunca los había visto tan felices.

La expresión del guarda se endureció un poco cuando pasó a otra tema.

—Perdone la pregunta, señora Cruz, pero ¿el caballero que la acompaña tiene alguna identificación? Como usted sabe, este es un edificio de alta seguridad, y tengo que preguntárselo porque si no mi jefe me matará. —Miró a Julian—. No se ofenda, señor, pero no solemos ver a muchos monjes por aquí.

—Matt, este es mi hermano Julian, Julian Mantle.

—¿Julian Mantle? ¿El famoso abogado?

—Así es, el famoso abogado.

El guarda se quedó sin palabras por unos momentos.

—Oh...ho...hola, señor Mantle. Leía todo lo que publicaban de usted en los periódicos. Era un gran admirador suyo. —Estrechó la mano de Julian con las dos manos, como hacen las personas cuando quieren transmitir algo muy especial—. Recuerdo algunos de aquellos casos tan increíbles que ganó. Estaba aquel en el que demandó a un restaurante de comida rápida por no sé cuántos millones de dólares porque un camarero había volcado una jarra de café caliente sobre las piernas de un cliente.

—Yo también lo recuerdo, Matt. Fue un caso divertido y me gustó ganarlo —respondió Julian con mucho encanto.

—¿Qué pasó con todos sus elegantes trajes, señor Mantle?

¿Qué se hizo del Ferrari rojo? Era un coche fantástico. Los muchachos y yo alucinábamos cuando lo veíamos pasar con la capota bajada a toda velocidad, por no hablar de aquellas preciosuras que lo acompañaban —comentó el guarda con todo el entusiasmo de un colegial que se encuentra con uno de sus ídolos.

—Todas esas cosas son agua pasada, amigo mío, historia antigua —afirmó Julian, que desvió la mirada como si sintiera vergüenza por la ostentación de su anterior estilo de vida.

—¿Ahora se ha hecho monje? —preguntó el guarda.

—Estas son las prendas que he escogido vestir, Matt. Mis maestros visten estas ropas. Me recuerdan al hombre que soy ahora y la misión que tengo encomendada. He escogido vivir una vida mucho más sencilla. Se acabaron los Ferraris —manifestó Julian y se despidió del guarda con unas palmaditas en la espalda dirigiéndose a continuación camino a los ascensores.

—Adelante, señor Mantle. Ha sido un honor conocerle, señor. Cuídese, señora Cruz, y disfrute de sus hijos. Antes de que se dé cuenta, ya se habrán hecho mayores.

Cuando Julian y yo entramos en las lujosas oficinas que albergaban a BraveLife.com, me sorprendió el bullicio de la escena que tenía ante mis ojos. Parecía que todos estaban demasiado enfrascados en la faena. Los empleados corrían de una mesa a otra, los ordenadores funcionaban a tope, los teléfonos parecían sonar todos al unísono y los faxes se amontonaban en las bandejas.

—Resulta difícil creer que esta era mi vida —le comenté a Julian.

—No seas tan dura contigo misma, Catherine. Tenías una hipoteca y mil facturas que pagar. Créeme cuando te digo que siento una profunda empatía por las personas de esta época en la que vivimos. Los gastos son enormes y sus compromisos financieros no parecen tener fin. Desean proveer a sus familias de todo lo bueno para que vivan mejor y, por lo tanto, se ven obligadas a trabajar cada vez más. Claro que esto acaba por chuparles toda la vida. Se convierten en caparazones de lo que fueron una vez. Al final del día vuelven a sus casas en sus contenedores de penas, gruñen un saludo a sus familias y se van a dormir, agotadas. Siento tanta pena por estas personas...

—¿Qué es un contenedor de penas?

—Vaya —exclamó Julian y se echó a reír—. Ese es el nombre que le doy a los automóviles. La mayoría de las personas se sienten tan desgraciadas cuando terminan otro penoso día de trabajo que sus vehículos no son más que «contenedores de penas» que los llevan hasta sus hogares.

Yo también me eché a reír al escuchar la explicación. Julian continuó con su discurso al ver la atención que prestaba a sus palabras.

—Esas personas solo viven a medias, Catherine. V. W. Burrows señaló: «Una de las experiencias más tristes que puede tener un ser humano es descubrir, cuando tiene los cabellos blancos, la piel surcada de arrugas y está cerca del final de una vida improductiva, que durante todos sus años solo ha utilizado una pequeña parte de sí mismo». Aquí tenemos un punto destacable: el juego no consiste en sacrificarte por el trabajo y no tener nada para dar a las personas que quieres de verdad. No basta con cambiar las reglas; hay que romperlas y comprender que la idea es trabajar para vivir y no vivir para trabajar. Sé el mejor en el trabajo. Pásatelo muy bien con él y dedícate a ayudar a tus clientes. Pero ten la sabiduría de comprender que la vida es algo más que las cosas bonitas que se pueden comprar con dinero. ¿Qué me dices de tener hijos, una bonita familia y una encantadora vida hogareña? Estas cosas solo las puedes tener cuando te dedicas a enriquecer la cultura hogareña. Es algo que requiere tiempo, hermanita. Nunca olvides que el mejor regalo que les puedes hacer a tus hijos es tu tiempo.

—¿De verdad?

—Claro. Les demuestras que los amas y los valoras de verdad. No hay nada más importante ni precioso, y esto trae a cuenta por qué te he traído aquí.

—Era precisamente lo que me preguntaba.

—¿Qué es BraveLife.com?

—Es una compañía que ofrece cursos de formación a los empleados de las empresas clientes para que sean más productivos, eficaces y tengan más éxito en su carrera laboral. Somos la primera compañía en el campo de la enseñanza a través de Internet.

—¿Algo más?

—Nuestra tecnología pionera permite a los empleados recibir asesoramiento de los mejores expertos del mundo directamente en la pantalla de sus ordenadores.

—¿Es tu respuesta definitiva? —preguntó Julian, con una sonrisa de conductor de un concurso de preguntas y respuestas en la televisión.

—Sí.

—Todas las respuestas son correctas. Pero la que realmente quería escuchar era esta: al final del día, tu compañía es una comunidad.

—¿Tú crees?

—Por supuesto que sí. En última instancia, la compañía a la que te has dedicado con tanto ahínco a construir no es más que un grupo de personas unidas en la consecución de una causa común. BraveLife.com no es simplemente una empresa, es un conjunto de personas que trabajan con un mismo objetivo.

—¿Ganar dinero? —pregunté, y me sorprendí ante mi cinismo.

—No, te equivocas. Todos ansían encontrar un significado. Todos anhelan sentirse gratificados. Todos y cada uno de ellos suspiran, se den cuenta o no, por lo que llamo la «causa apremiante» que inundará sus corazones de pasión y comprometerá lo mejor de ellos mismos. Dee Hock, el fundador de VISA, lo expresó de esta manera: «Todas las organizaciones no son más que simples encarnaciones conceptuales de una idea tan antigua como básica: la idea de la comunidad. Pueden ser ni más ni menos que la suma de las creencias de las personas que las integran; de sus caracteres, juicios, actos y esfuerzos».

—¡Qué interesante! Nunca había pensado en la compañía en esos términos.

—Es la pura verdad, y lo que realmente falta en la llamada «nueva economía» donde podemos trabajar, hacer gestiones bancarias e incluso comprar *online* es un profundo sentido de comunidad. Hemos perdido las esenciales vinculaciones humanas que necesitamos para trabajar y vivir en un estado de alegría y deleite. Hemos perdido aquel sentimiento de pertenecer a algo más grande y más importante que nosotros mismos. En el mundo sin fronteras creado por Internet, lo que todos y cada uno de nosotros desea es un espacio y un lugar donde nos sintamos queridos, donde percibamos que se confía en nosotros y que significamos algo. Un lugar que podamos llamar «hogar».

—¿Cómo es que sabes tantas cosas de Internet, Julian? Has estado aislado en el Himalaya durante no sé cuántos años...

—Tengo una enorme sed de conocimientos y soy un estudiante apasionado, Catherine. En este nuevo mundo en el que vivimos, el aprender no se acaba cuando hacemos nuestro último examen. Ahora se acaba cuando exhalamos nuestro último suspiro. Hace muchos años atrás Erasmo escribió: «Cuando tengo dinero compro libros, y si me sobra algo compro comida y ropas».

—¡Fantástico!

—Yo soy como él, hermanita. Anhelo el conocimiento, no puedo vivir sin él. Si bien la mayoría de las cosas que leo pertenecen a la cumbre de la literatura, los libros de los más grandes pensadores del mundo, también dedico parte de mi tiempo a mantenerme al corriente de lo que está pasando en el mundo. ¿De qué sirve la sabiduría si no tienes una concepción clara de cómo aplicarla a tus actuales circunstancias?

—Bien dicho —afirmé sin vacilar—. Ahora dime, hermano, ¿qué podemos hacer para recuperar el sentimiento de comunidad en nuestras vidas?

—Una excelente pregunta, Catherine. Es la pregunta que estaba esperando que me hicieras. Con todos los cambios producidos en la sociedad y en las empresas, el sentimiento de comunidad que antes tenía la gente se ha desvanecido. La lealtad a las empresas es un concepto que pertenece al pasado, y las reestructuraciones han llevado a creer a muchos trabajadores que ahora todos tienen que mirar por ellos mismos si quieren sobrevivir.

—Si es así, ¿dónde encontrará la gente el sentimiento de comunidad que todos anhelamos?

—En la familia —respondió Julian inmediatamente—. Las personas están volviendo a la vida familiar y, una vez más, convierten a su familia en la máxima prioridad. Se están dando cuenta de que pueden conseguir toda la gratificación social que una vez obtuvieron de su trabajo en sus hogares. Cada vez tienen más claro que no necesitas cruzar el umbral de tu casa para obtener los beneficios de formar parte de una comunidad, que lo puedes conseguir todo dentro de las cuatro paredes donde vives.

—También entre las personas a las que más quieres —señalé, casi fuera de mí con las cosas que Julian me decía.

—Así es, Catherine. Por lo tanto, comienza a ver a tu familia como tu propia comunidad y la fuente de donde manará la mayor parte de tu satisfacción personal. Debes entender que, a través de tu familia, obtendrás una mayor comprensión de ti misma y ganarás en conocimiento y sabiduría. A través de tu familia, aumentarás tu humanidad y tu fuerza interior. La reflexión que quiero compartir contigo es muy sencilla: el liderazgo en tu vida comienza con el liderazgo en tu hogar. Tu familia es tu base, como si fuese la plataforma de lanzamiento de un misil. Solo cuando esté bien afianzada y en perfecto orden podrás subir hasta una altura que nunca habías imaginado.

—De acuerdo. ¿Dónde está el punto de partida?

—Está en comprender que tu familia no se diferencia en nada de las otras organizaciones, incluida BraveLife.com.

—¿Lo dices en serio?

—Del todo. Los paralelismos están claros. Tu compañía y tu familia tienen unas culturas únicas, ¿no es así?

—Desde luego que BraveLife.com tiene su propia cultura. Tenemos una determinada manera de vestirnos, unas reglas que seguimos y una forma específica de trato entre nosotros que nos distingue como únicos en comparación con las otras empresas en este campo.

—¿Crees que en tu familia es diferente?

—No, ahora que lo pienso, veo que no. Supongo que en casa tenemos una cultura. Tenemos nuestras propias reglas, valores y maneras de hacer las cosas.

—Efectivamente y, como en cualquier otra organización o

cultura, si quieres crecer y prosperar hay una cosa que siempre debe estar presente.

—¿Un dictador? —pregunté divertida.

—Has estado cerca, pero no te llevas el premio, hermanita. Así y todo, aprecio tu buen humor. La única cosa que debe estar presente en cualquier cultura familiar para convertirse en algo vibrante y espléndido es el liderazgo.

—¿El liderazgo? Jamás hubiera dicho que el liderazgo fuera importante en la familia o en el seno del hogar.

—Dime, ¿cómo consiguió BraveLife.com convertirse en un éxito tan enorme? —replicó Julian—. ¡Vi tu foto en la portada de una revista de negocios en Nueva Delhi!

—Supongo que debió de ser por la calidad de su gestión.

—No, fue por el gran liderazgo, Catherine; y con eso no solo me refiero a ti, a tus socios y al resto del equipo ejecutivo. Me refiero a todos los miembros de la empresa que aceptaron la responsabilidad y el logro del éxito de la compañía. Todos demostraron su compromiso y su fidelidad a la visión que tú les ofreciste. Así fue como tu compañía alcanzó las más altas cotas de la fortuna. Lo mismo se aplica a tu hogar. Debes aportar el liderazgo a tu familiar e inspirarlos a todos para que hagan una contribución a la cultura. Te corresponde a ti crear una hermosa visión de futuro de la manera que quieres que sean las cosas para tu familia y compartir la «causa apremiante» con Jon y los chicos. Esto tiene que ser hecho de una manera que los estimule y comprometa sus corazones. Solo entonces tu vida familiar alcanzará su máximo potencial.

—A mí me parece que no es tan fácil como lo pintas, Julian. Me refiero a que Jon está ocupado con su propia empresa, y los chicos siempre tienen alguna cosa en marcha. ¿Cómo puedo convencerlos para que se sumen al proyecto de familia ideal que propongo? Además, tú, que aparentemente lo sabes todo, contéstame a esta pregunta: ¿cómo consigo que comiencen a actuar como líderes en casa?

—Muy fácil —contestó él en el acto—. Tú debes ser la primera en ejercer el liderazgo. Tal como dijo Gandhi, tú debes convertirte en el cambio que más deseas en tu vida. Lidera con el ejemplo y te prometo que Jon y los chicos te seguirán.

—¿Tú crees?

—Sí. Vivimos en un mundo donde todos quieren que sea el otro quien cambie primero. Culpamos al gobierno de nuestros problemas. Cargamos con las culpas a nuestros jefes por el estrés que padecemos. Arremetemos contra los atascos de tráfico por nuestras miserias. Pero culpar a los demás es una manera muy cómoda de buscarnos una excusa. Descargar las culpas de todo lo que está mal en tu vida sobre los hombros de las otras personas es una bonita manera de ir pasando por la vida sin tener que demostrar nunca el más mínimo coraje ni enfrentarte de cara a tus debilidades. En realidad significa vivir de una manera cobarde y de convertirse en un ser humano impotente. M. Scott Peck, el autor de *El camino menos transitado*, lo explicó en estos términos: «Cada vez que buscamos eludir las responsabilidades por nuestro propio comportamiento, lo hacemos a través de descargar la responsabilidad sobre algún otro individuo, organización o entidad. Pero eso significa que estamos entregando nuestro poder a esa entidad».

La voz de Julian subía de volumen por momentos, y yo veía cómo asomaba a la superficie la fuerza de sus convicciones. Entramos en una de las salas de juntas mientras mi hermano continuaba con su interesantísima lección:

—El verdadero mensaje, Catherine, es el siguiente: cuando descargas la culpa y la responsabilidad de algo en otras personas, lo que haces es reconocer claramente que no tienes la capacidad de controlar el problema. También estás diciendo que no tienes ninguna opción en el tema ni la capacidad de influir en el resultado. Por lo tanto, cuando les echas las culpas a otras personas, acabas por entregarles el control de tu propia vida, tal como dice Peck. Proclamas que «no puedo cambiar las cosas para bien, solo ellas pueden». Estás admitiendo que «no puedo cambiar las circunstancias de mi vida, eso solo lo pueden hacer los demás». Es esa clase de pensamiento nefasto el que te meterá en una espiral descendente y acabará llevándote a un lugar llamado ninguna parte.

—Nunca se me había ocurrido mirarlo de esa manera. No hace mucho leía unas palabras de Winston Churchill que decía que «el precio de la grandeza es la responsabilidad». Ahora comprendo lo que quería expresar.

—Escucha, hermanita, lo que nos hace humanos al final del día es el poder que todos y cada uno de nosotros tiene para escoger la respuesta a una situación específica. Una persona pierde su empresa, pero lo interpreta como una gran lección de la vida que lo hará más sabio y lo capacitará mejor para levantar una empresa todavía mayor. Otra persona, menos evolucionada, se pone hecha una furia cuando se ve metida en un atasco. No importa quién seas ni tus antecedentes, tú tienes en tu mano el poder de decidir cómo analizarás los acontecimientos de tu vida. La capacidad de elegir la manera de interpretar lo que nos ocurre es uno de los más grandes dones del ser humano. Por lo tanto, no esperes a que los demás cambien para que mejoren tus circunstancias. Sigue adelante y toma el camino noble. Haz todos los cambios que necesites hacer. Te prometo que el resto de la familia acabará por seguirte.

—De acuerdo —manifesté, mientras intentaba asimilar todos los conocimientos que Julian me transmitía—. Si no te he entendido mal, para desarrollar en mi hogar este sentimiento de comunidad, necesito ser un líder, ¿correcto?

—Del todo —replicó Julian, que no armonizaba nada con la ultramoderna sala de juntas en la que nos hallábamos, ataviado con su hermosa túnica roja.

—Pero antes de esperar a que los demás cambien, la que debe cambiar primero debo ser yo. Quizá en lugar de gritarles a los chicos que sean más corteses, tendría que ser más cortés con ellos. En lugar de decirles que limpien y ordenen sus habitaciones, tendría que ocuparme de poner en orden mi despacho. Supongo que lejos de darle la lata a Jon para que comience a hacer cosas que hagan nuestra vida hogareña más divertida y apasionada, tendría que ser yo quien llevara la iniciativa. Yo tendría que ser, tal como dijiste, «el catalizador del cambio en nuestra cultura familiar».

—Veo que has captado la idea —me alabó Julian—. La mejor manera de inspirar a tus hijos para que se conviertan en la clase de adultos que a ti te gustaría es convertirte en la clase de adulto que quieres que sean. Todos los niños, sobre todo los pequeños como Porter y Sarita, creen que la manera de comportarse de sus padres es la correcta. Tú les enseñas a actuar con tus actos. Tus valores y creencias se convierten en los suyos. Pero también tus comportamientos negativos acabarán por convertirse inevitablemente en los suyos. Debes recordar que tus hijos están observando cada uno de tus movimientos y, si crees que las miradas que no se apartan de ti no están influidas de una manera muy profunda por cada una de tus palabras y acciones, te estás engañando a ti misma. Recuérdalo, Catherine, después del tiempo, el segundo mejor regalo que puedes hacerles a tus hijos es el ponerles un buen ejemplo.

—Es una concepción maravillosa, Julian.

—¿Sabes?, el otro día leí un informe que me dejó muy preocupado.

—¿De qué trataba?

—Según el informe, el niño norteamericano promedio pasa aproximadamente unas cinco horas cada día delante del televisor y apenas cinco minutos con los padres. Son demasiados los padres que traspasan la responsabilidad de criar a sus propios hijos a los directores de la programación de las cadenas televisivas. Para mí, eso es simple y llanamente un delito.

—En ese caso, ¿qué me recomendarías para ejercer el liderazgo familiar, para ser de verdad una líder en mi hogar y construir ese sentimiento de pertenencia a una comunidad que, según dices, todos anhelamos tener en este extraño mundo moderno?

—Lo primero que debes hacer es abrir los ojos.

—¿Qué quieres decir?

—Helen Keller lo expresó de una manera brillante cuando dijo: «La persona más patética en el mundo es la que tiene visión, pero no ve». Son demasiados los padres que viven el día a día sin el menor sentido de dirección en sus vidas. Más que vivir de acuerdo con sus propias decisiones, viven abandonados al azar con la esperanza de que, de alguna manera, las cosas irán bien por sí solas. Pero la vida no es así. Vivir la vida por accidente, confiando en que las cosas ya se arreglarán y que tus hijos se convertirán en personas maravillosas por defecto, es algo tan tonto como arriesgar tu vida en la ruleta rusa.

—Es un pensamiento estremecedor —comenté, hechizada con la disertación de Julian.

—Te diré algo más, Catherine. Si continúas haciendo las

mismas cosas un día sí y el otro también, estarás abocada a recoger siempre los mismos resultados.

—Alguien dijo que la definición de locura es hacer las mismas cosas todos los días y esperar un resultado diferente.

—Correcto. Así que entra en el juego y comienza a dirigir la nave de tu vida familiar. Como escribió Nietzsche: «La tarea del hombre es sencilla. No debe permitir que su existencia se convierta en un accidente casual».

—Por esta vez le perdono no mencionar a la mujer —señalé.

—Yo también porque su lección es muy importante. Si quieres saber cómo será tu vida de aquí a cinco años, solo tienes que asegurarte de no cambiar ninguno de tus hábitos, tu forma de pensar ni tus creencias. Descubrirás que dentro de cinco años llevarás una vida que será prácticamente la misma que tienes ahora.

—La verdad es que no es una idea que me entusiasme —afirmé con toda sinceridad—. Tengo sueños mucho más grandes para el futuro de nuestra familia. Quiero divertirme con mis chicos. Quiero verles crecer fuertes, sabios y más independientes. Quiero que Jon y yo estemos más unidos y seamos más cariñosos el uno con el otro. Sueño con que nuestro hogar se convierta en un lugar de comprensión, crecimiento y alegría, en un santuario que nos reconforte de la dureza del mundo en que vivimos ahora.

—Entonces, Catherine, por favor entiende que para que mejore la convivencia familiar, primero debe mejorar tu visión del mundo. Es apremiante que crees una imagen donde se vea cómo deseas que sea tu vida familiar. Después tendrás que detallar esa imagen hasta que sea muy precisa. Por último, tendrás que ponerla por escrito.

—¿Por qué?

—Porque cuando la escribes, la visión que tienes para el futuro de tu familia se convierte en un contrato.

—¿Eso crees?

—Desde luego —respondió mi hermano—. Es como si juraras o firmaras un contrato contigo misma. Tus creencias acerca de la vida en realidad no son más que acuerdos que has hecho contigo misma con referencia al estado de la situación en que te encuentras. Algunas personas creen que están demasiado ocupadas para abrazar a sus hijos muchas veces al día como una manera de demostrarles su amor. Al hacerlo, han llegado a un pacto con ellos mismos en un esfuerzo por justificar el «hecho». Hay personas convencidas de que no pueden vivir una vida mejor porque han tenido un pasado demasiado difícil. En este caso, también han llegado a un arreglo con ellas mismas y se han resignado a vivir de acuerdo con ese condicionante. Los acuerdos que estableces contigo misma son muy poderosos, Catherine.

—Nunca consideré nuestras creencias desde esa óptica, Julian.

—Pues bien, esto es lo que quiero que hagas. Tú sabes lo que deseas para tu vida familiar y ahora te has comprometido contigo misma a hacer lo que sea necesario para conseguirlo.

—Así es.

—Ahora redacta un acuerdo de tu visión familiar; se constituirá en tu guía para que tomes decisiones más sabias sobre cómo pasarás tus días e invertirás tu tiempo. Te servirá como una carta de intenciones que te mantendrá enfocada en las cosas que importan de verdad.

—¿Así que por medio de crear un acuerdo de mi visión acerca de la familia y poniéndolo por escrito dejaré de vivir al azar y comenzaré a vivir de acuerdo con mis propias decisiones? —pregunté, fascinada con la estrategia que me ofrecía Julian.

—Sí, tendrás por fin el control de tu destino. Tu acuerdo sobre tu visión de lo que esperas que sea tu familia será como un faro que siempre te guiará al «hogar», a ese lugar de amor y paz, por muy tormentoso que esté el amor. Te dará esperanzas y la seguridad de que vendrán tiempos mejores. Además te protegerá a ti y a tu familia.

—¿Nos protegerá?

—Así es. El saber exactamente lo que quieres para el futuro de tu familia te protegerá de todas aquellas influencias negativas que intentan infiltrarse en vuestras vidas. Cuando tus pensamientos son claros y estás comprometida del todo con la visión del futuro de tu familia, entonces las opiniones de los demás no tienen la más mínima importancia. El poder hipnótico de los anuncios de la televisión que dictan cómo debería ser la familia ideal no tiene el menor efecto en ti. La necesidad de vivir según las expectativas de tus vecinos y colegas se esfuma. Tú y tu familia os convertís en independientes. En el proceso descubrirás una manera mucho más sabia e ilustrada de dirigir tu vida familiar.

—Me encantaría que los chicos fueran independientes, Julian. He aprendido que el pensamiento independiente es el factor clave del éxito empresarial. Colin Baden, el jefe de diseño de Oakley Sunglasses, dijo no hace mucho en una entrevista publicada por *Fast Company*...

—¡Oh, me encanta esa revista! —exclamó Julian.

—¿Lees *Fast Company*? —repliqué sorprendida.

—Ya te mencioné la sed que tenía de conocimientos. Siempre publican cosas muy interesantes.

—La cuestión es —proseguí— que en la entrevista, Baden decía: «Si estás haciendo algo de una determinada manera porque siempre se ha hecho así, entonces es probable que lo estés haciendo de la manera equivocada». La frase me encantó porque va directamente al meollo de por qué necesitamos pensar con independencia si queremos destacar en lo que hagamos dentro de la empresa.

—Lo mismo se aplica a la vida. Por lo tanto, ten el coraje de crear tu compromiso con la visión familiar para estar en condiciones de hacer las cosas a tu manera, de acuerdo con aquello que tu corazón...

—No te olvides del corazón de Jon —me apresuré a añadir.

—Y el corazón de Jon —dijo Julian—, dicen que es moralmente correcto. Dar una forma concreta a la visión de cómo quieres que sea tu vida familiar en el futuro también es una de las mejores maneras que conozco para aumentar la intensidad del compromiso que contraes con tu familia.

—¿Por qué?

—Porque he descubierto por experiencia propia que las cosas que ponemos por escrito son las cosas que nos comprometemos a hacer en la vida.

—Estoy del todo de acuerdo —afirmé, entusiasmada—. Uno de los secretos para el éxito que he alcanzado en mi vida profesional consistió en tener claros los resultados que deseaba conseguir. Solía escribir mis objetivos para los próximos noventa días y los leía casi a diario para mantener la concentración y como una manera de estar atenta a las oportunidades que, de otra manera, hubiese pasado por alto.

—Muy bien dicho, Catherine. Ahora debes hacer lo mismo con tu vida familiar. Te recomiendo que después de escribir tu acuerdo de la visión que te has formado acerca de la familia, lo estudies atentamente, establezcas las prioridades y después te fijes las metas. No debes olvidar establecer un plazo límite para cada prioridad.

—Ese es precisamente el tipo de pensamiento estratégico que condujo a BraveLife.com al éxito.

—También es el pensamiento estratégico que ahora te llevará a conseguir éxitos todavía mayores en tu vida familiar. No consigo entender por qué las personas son capaces de planificar meticulosamente su vida profesional y, en cambio, no prestan ninguna atención a cómo vivirán en su hogar.

Julian hizo una pausa y se sumió en sus pensamientos mientras jugaba con un pisapapeles de latón que había sobre la mesa. Lo miró absorto durante un rato antes de continuar hablando.

—Los grandes líderes son personas mucho más reflexivas, Catherine. Se toman su tiempo para aislarse de vez en cuando y no hacer otra cosa que pensar. Einstein solía hacerlo, ¿lo sabías?

—No, no lo sabía —admití.

—Sí. También leí que tenía su «silla de pensar» en un lugar donde estaba aislado de todos. Una vez allí, no hacía otra cosa que pensar.

—Pues ahora que lo mencionas, nuestro mejor vendedor hace lo mismo. Se reserva un día cada dos semanas para «perderse» como dice él. Deja el móvil y el busca en la oficina y se marcha a un lugar donde nadie puede ponerse en contacto con él. Lo único que se lleva es una libreta y un lápiz, y todo lo que hace durante el día es pensar.

—Estoy impresionado —manifestó Julian mientras asentía con una sonrisa—. Creo que ese tipo me caería bien.

—Todos creíamos que estaba loco. Pero después vimos los resultados. Sus ventas eran cinco veces superiores a su más cercano competidor. ¡Cinco veces más ventas! Un día lo llamé para que explicara el proceso. Me dijo que durante el «día de la estrategia», como lo calificaba, se dedicaba a pensar en su futuro y en cómo le gustaría que fuese. Escribía todo lo que le venía a la cabeza para tenerlo mucho más claro.

—¿Lo ves? La claridad mental precede a la destreza —intercaló Julian, muy complacido.

—Desde luego que es así en su caso —señalé—. También me comentó que cuanto más tiempo pasaba en su retiro, sin hacer otra cosa que pensar y definir lo que quería de la vida, mayor era el número de ideas que acudían a su mente, y no dejaba de anotar ni una sola en su cuaderno. Toda su conciencia se concentraba en las prioridades más importantes. En aquellos momentos no había tiempo para soñar, pensar y hablar de otra cosa. A continuación establecía unas metas específicas a partir de los objetivos y añadía un plazo máximo para la realización de cada uno de ellos. Entre otras cosas, me comentó que en esos días especiales se sentía tan seguro de sí mismo, con tantas esperanzas y energías, que le costaba contenerse. Con este ánimo regresaba a la oficina dispuesto a sorprendernos a todos una vez más.

En cuanto acabé de hablar, Julian hizo algo que me dejó pasmada. Se levantó y, sin pensárselo dos veces, se encaramó de un salto en la resplandeciente mesa de reunión. Luego comenzó a bailar, al principio lentamente pero después con frenesí, como si hubiese entrado en trance.

—¡Julian! ¿Qué haces? ¿Has perdido el juicio? Por favor, deja de bailar ahora mismo. Me asustas. Por favor, ¡para ya! —le supliqué cada vez más perpleja por lo que veía.

—No te preocupes, manita —replicó Julian, con el tono zumbón de los raperos multimillonarios que encabezan las listas de éxitos—. Solo me estoy divirtiendo un poco.

—Venga, Julian. Estamos en las oficinas de una empresa que mueve miles de millones. Tendrías que ser un poco más comedido en un lugar como este.

—«Todos los días, y la manera de vivirlos, tienen que ser una creación consciente donde la disciplina y el orden se relajen un poco con los juegos y la pura tontería» —fue su críptica respuesta.

—¿Qué…?

—Te acabo de repetir las palabras de May Sarton, y las sigo al pie de la letra. Vivo mi vida con gran disciplina y virtud, pero me aseguro de reservarme siempre un tiempo para la diversión. Por lo tanto, sube a la mesa y únete a mi baile. Hay algo que quiero enseñarte.

Reflexioné por un momento en la inusual petición de Julian. Sin ninguna duda, el comportamiento de mi hermano era excéntrico. Pero también tenía muy claro que la sabiduría que Julian había encontrado en las cumbres de aquellas montañas le había proporcionado unas conclusiones lo suficientemente poderosas como para transformar mi vida, siempre que yo tuviera el coraje de aceptarlas. Julian sabía perfectamente bien cuáles eran las lecciones que yo necesitaba aprender para continuar avanzando, y comprendí que si me negaba a escucharle, quien saldría perdiendo sería yo y no él.

—De acuerdo, tú ganas —admití, mientras me subía a la mesa sin excesivo entusiasmo y con los zapatos puestos.

—¡Ahora baila! —exclamó Julian como si todo le pareciera la mar de gracioso—. ¡Deja a la niña que llevas que salga a la luz! No ve la hora de salir y jugar. Será muy bueno para tu alma.

Moví un poco los pies, pero me daba demasiada vergüenza soltarme.

—Baila o comenzaré a cantar, Catherine —me amenazó Julian, cada vez más contento.

—Vale, está bien. —Comencé a agitar los brazos en una muy mala imitación de John Travolta en *Fiebre del sábado noche* y, aunque resulte curioso, de inmediato experimenté una sensación placentera—. ¡Eh, esto es muy divertido, Julian! —añadí mientras me marcaba unos pasos con más brío.

—Lo sé. Nunca estés tan ocupada como para que te impida bailar, manita… —gritó Julian, que giraba como una peonza y agitaba los brazos en una extraordinaria demostración de estar en forma.

En aquel momento vi pasar por el pasillo a mi vicepresidente primero. Un par de segundos más tarde, le vi reaparecer con los ojos casi fuera de las órbitas y una expresión de total incredulidad en el rostro. Se quedó allí, atónito ante el espectáculo que ofrecíamos encaramados a la mesa. Yo me detuve en el acto, pero Julian continuó bailando con deleite como si disfrutara con el hecho de que nos hubieran sorprendido. Mi colega siguió en el pasillo, dedicado a observarnos a través del cristal. Entonces, se echó a reír. Abrió la puerta y asomó la cabeza.

—Me alegra mucho comprobar que te has recuperado del todo, Catherine. Cuando tengas tiempo, tendrás que compartir esta nueva técnica de gerencia que has descubierto con el resto de los ejecutivos —bromeó.

—Lo haré, Les, te prometo que lo haré —respondí agradecida por su indulgencia ante mi peculiar conducta.

En cuanto se marchó el vicepresidente, miré a mi hermano.

—Julian, ¿cuál es la lección? Seré el hazmerreír de toda la empresa si continúo haciendo este tipo de cosas.

—De acuerdo, Catherine. Solo me estaba divirtiendo un poco a tu costa. Pero volvamos a las enseñanzas. La lección es que estar de pie sobre esta mesa te brinda una nueva perspectiva. Te permite ver las cosas desde arriba. ¿Recuerdas a los astronautas cuando pisaron la Luna?

—Por supuesto.

—Cuando regresaron, todos mencionaron repetidamente que estar allá arriba y mirar a la Tierra les dio una perspectiva completamente nueva de nuestro mundo. Pero también dijeron algo más importante: que contemplar nuestro planeta desde el espacio les ofreció una mayor y más sabia comprensión de la vida.

—¿Con esto me estás diciendo que estar encima de esta mesa me permite ver el mundo de una manera mucho más diáfana? —pregunté, sin entender del todo la metáfora que me ofrecía Julian.

—Todo esto está ligado al acuerdo de la visión acerca de la familia que te mencioné antes. De la misma manera que encaramarte a esta mesa te permite tener una visión más amplia de las oficinas, tu acuerdo de la visión familiar te permitirá tener una perspectiva más amplia de tu vida. Te ayudará a mantener presente el cuadro completo y evitará que te dejes engullir por las distracciones mundanas que nos impiden disfrutar de la felicidad y los placeres de este regalo que llamamos vida. Siempre tendrás una vista de pájaro de la pequeña comunidad que tú amas y a la que llamas familia. Ya no desperdiciarás tus días preocupada por las minucias. En cambio, estarás en condiciones de dedicar tu tiempo a los «pocos vitales».

—¿Los «pocos vitales»? —No había escuchado nunca esta expresión y estaba un tanto perdida.

—Sí, los «pocos vitales». Ser una gran líder en tu empresa y lo que es más importante en tu hogar, significa que debes concentrarte en los «pocos vitales» más que en los «muchos mundanos». La mayoría de las personas dedican los mejores años de sus vidas a actividades que no las llevan por el camino de su vida ideal. Ven demasiada televisión, piensan constantemente en lo que va mal en sus vidas y no en lo que está bien, pasan horas cotilleando por teléfono y critican a sus hijos. El acuerdo de la visión familiar te ayudará a mantenerte centrada en aquel puñado de actividades significativas que te darán los resultados más positivos en tu vida y asegurarán que acabes exactamente allí donde soñabas llegar.

Julian bajó de la mesa y se apoyó durante unos momentos en la pared.

—Poner por escrito el acuerdo de tu visión familiar y las metas específicas que te has trazado para enriquecer tu vida hogareña te ayudará a conseguirlo; estarás en condiciones de aprovechar las oportunidades para formar una mejor familia que de otro modo hubieses pasado por alto porque no sabías cómo encontrarlas. Presta mucha atención a lo siguiente: aquello en lo que te concentras en tu vida crece, y aquello en lo que piensas aumenta. Las cosas a las que dedicas tu atención crecen en importancia.

—Estoy de acuerdo en que crece todo aquello en lo que te concentras. Lo sé porque cuando consigo un nuevo cliente, al día siguiente mientras conduzco por la ciudad veo anuncios del nuevo cliente por todas partes. Quizá vea uno de los camiones de su flota que me adelanta en la autopista, me encuentro con un anuncio de la empresa en el periódico o paso por delante de sus oficinas centrales cuando regreso a casa. Todas esas cosas también estaban antes, solo que no las veía hasta que me concentré en ellas, y es entonces cuando las veo por todas partes.

—Es una observación muy acertada, y creo que nos sucede a todos. Una vez que comienzas a prestar atención a algo, se instala en tu conciencia y lo tienes presente. Es por eso por lo que siempre digo que el conocimiento precede al cambio. Antes de que puedas cambiar algo en tu vida, debes ser consciente de lo que es y comenzar a prestarle toda tu atención. Este es el procedimiento correcto. Nunca conseguirás superar una debilidad si ni siquiera sabes cuál es.

—A ver si te he entendido bien: debo escribir el acuerdo de mi visión acerca de la familia para que se convierta en un contrato real, y después descomponerlo en metas específicas que me ayudarán a prestar más atención a estas cosas en mi vida.

—Esa es la idea.

—También dices que hacerlo me permitirá descubrir todas las opciones que se presentan ante mí para tener una mejor vida familiar, posibilidades que la mayoría de nosotros nunca vemos porque nuestras energías se pierden en todas las pequeñas tareas urgentes que parecen ocupar todo nuestro tiempo.

—Exacto. A mí me recuerda a aquel guionista de Hollywood con el que a veces tomaba una copa...

—Lo recuerdo. Calzaba botas vaqueras y siempre iba con una botella de agua mineral en la mano.

—Sí. Una vez me comentó que el secreto de su éxito era que siempre empezaba el guión por el final. Creaba un final perfecto y después retrocedía hasta el principio.

—Un método audaz.

—Desde luego. Eso es precisamente lo que sugiero que hagas con tu vida familiar. Cierra los ojos e imagina el final más feliz que puedas. Después retrocede hasta hoy. Verás, el acuerdo de tu visión acerca de la familia es, en realidad, la historia de tu vida en su relación con tu familia. Al definirlo y ponerlo por escrito, contarás con la ventaja de hacer la mejor elección sobre cómo quieres pasar cada minuto de un día cualquiera. Si hay una actividad o comportamiento que sabes no te ayudará a avanzar de acuerdo con el plan trazado en tu guión, el que te llevará al final feliz, entonces sencillamente no la llevas a cabo y ya está.

—Ya lo tengo —afirmé, cuando por fin comprendí la importancia del concepto—. ¿Los Sabios de Sivana te enseñaron todos estos conocimientos?

—Me enseñaron los principios organizativos para disfrutar de una vida mejor. Me enseñaron que las relaciones humanas, basadas en el amor, constituyen los cimientos de una vida más plena, que nuestros pensamientos forman nuestro mundo y que, para mejorar nuestras vidas, primero debemos mejorar nuestros pensamientos. Me enseñaron muchísimas más cosas. Durante muchos meses después de abandonar su pequeño pueblo en el Himalaya, medité sobre las lecciones que aquellas personas tan especiales habían compartido conmigo. A partir de sus enseñanzas saqué mis propias conclusiones sobre lo que se necesita para vivir la mejor de las vidas posibles. Di con ideas de las que yo mismo me sorprendo. Las conclusiones que saqué son las que ahora comparto contigo, mi querida hermana.

—Manita es más divertido —dije. Julian se rió—. Dime, ¿qué más puedo hacer para demostrar el liderato en mi casa y fomentar el sentimiento de pertenencia a una comunidad en mi familia?

—Convierte tu hogar en un paraíso —me respondió sin más.

—¿Podrías ser un poco más claro, hermano?

—En Sivana, en lo más alto del Himalaya, los sabios valoraban sus hogares por encima de todo lo demás. Aunque vivían en un lugar de una paz idílica incomparable, las pequeñas chozas en las que vivían eran sus santuarios. Procuraban mantener sus sencillos hogares siempre limpios y bien iluminados. Ponían un cuidado muy especial en que el aire fresco y puro llenara sus habitaciones y había flores por todas partes. También se ocupaban de que si bien a menudo invitaban a uno u otro compañero para discutir de filosofía y compartir sus conocimientos, tener tiempo para dedicarse en solitario a la reflexión, la introspección y el autoexamen. Me refiero a que en este mundo siempre atareado y ruidoso en el que vivimos, puedes cultivar tu liderazgo familiar si consigues que tu hogar se convierta en un paraíso para ti, Jon y los chicos.

—No te olvides de incluirte a ti, Julian. Nos encanta tenerte con nosotros. A pesar de tu aspecto juvenil, Porter y Sarita son conscientes de tu sabiduría y edad. Están encantados con tenerte en casa, y llegan al extremo incluso de verte como el abuelo que nunca tuvieron.

—Vaya, gracias —exclamó Julian.

—Es curioso, tienes una influencia tan tranquilizadora en ellos... Jon y yo siempre les estamos diciendo que se den prisas mientras que tú siempre les recuerdas que vayan más despacio.

—Los abuelos siempre son así. A lo largo de nuestra civilización, todas las familias han honrado a sus mayores y se han sentado a sus pies para aprender las lecciones más importantes de la vida. En el Himalaya, las familias extensas eran la norma. A los sabios nunca se les hubiese ocurrido vivir en un lugar donde sus padres no estuvieran cerca. Sus mayores eran una fuente constante de consuelo, conocimiento, y amor.

—Estoy segura de que los más beneficiados eran los monjes jóvenes.

—Así es. Incluso aquí en Occidente, si les preguntas a los maestros cuáles de sus alumnos han tenido la influencia de los abuelos en sus vidas, te responderán señalando a los niños más tranquilos, discretos y con una mayor confianza en los otros seres humanos del grupo. Son los niños más independientes, reflexivos y compasivos. Recuerda nuestra propia experiencia, Catherine, con los abuelos Mantle. Siempre me dieron la sensación de que al final todo saldría bien en la vida.

—Tienes toda la razón. No sabes cuánto los echo de menos.

—Yo también. Me encanta que a los chicos les guste tenerme cerca. Los quiero profundamente. Siento tanta alegría cuando Porter se sienta sobre mis rodillas y Sarita se acurruca entre mis brazos y me piden que les cuente historias de mis aventuras en la India... Además, encuentro que me enseñan tanto como yo a ellos. Los sabios creen que los niños están mucho más capacitados que los adultos para enseñarnos las lecciones que debemos aprender. En el caso de Porter y Sarita no hay ninguna duda de que es así. Me recuerdan la importancia del juego, la curiosidad y la compasión. Me hacen pensar en las palabras del antiguo filósofo Heráclito que dijo: «El hombre está más cerca de sí mismo cuando consigue la seriedad del niño que juega».

—No es que tú necesites que te levanten el ánimo, Julian. Siempre eres muy positivo. Creo que estás muy a gusto con tu nueva personalidad, y eso es algo que me hace muy feliz.

—Muchas gracias. Helen Keller, una mujer a la que admiro de todo corazón, dijo en una ocasión: «Ningún pesimista descubrió jamás los secretos de las estrellas, navegó por mares desconocidos o abrió un nuevo paraíso para el espíritu humano».

—Hermosas palabras.

—Así es. Cuando ejercía mi profesión me reía de las personas que hablaban de pensar en positivo y leer libros de autoayuda. Sonreía con un aire de superioridad cuando veía a la gente correr hacia el metro después del trabajo cargada con libros con títulos tan extraños como *Megaliving!* o *Who Will Cry When You Die?* «¿Para qué necesitas un libro de autoayuda si eres normal?», era lo que me preguntaba en aquel entonces. Pero mi pensamiento ha evolucionado. He llegado a comprender, durante mi estancia con aquellos grandes sabios, que la decisión más normal e inteligente que puedes tomar como persona es trabajar en ti mismo. El mejor uso posible de tu tiempo consiste en emplearlo para cultivar la mente, el carácter y el espíritu y puedas hacer más por este mundo. Buda lo expresó con gran precisión: «Los carpinteros trabajan la madera, los flecheros hacen flechas, y las personas sabias se hacen a ellas mismas».

—Cuando fui a llevarte el ramo de flores a tu habitación, tal como me pediste, me fijé en todas las citas que habías pegado en el techo.

—No están nada mal, ¿verdad? —comentó Julian orgulloso—. Por la noche, después de que los niños se van a dormir, subo a mi habitación, me acuesto, y leo en voz alta todas las citas. Reafirman mi compromiso de vivir de acuerdo con los principios del éxito que han gobernado a la humanidad desde tiempo inmemorial.

—A mí me encanta aquella antiquísima cita india que dice: «No hay nada de noble en ser superior a los demás. La verdadera nobleza consiste en ser superior a uno mismo» —afirmé con un tono pensativo.

—Son unas palabras que te obligan a reflexionar. Van directamente al verdadero propósito de la vida. No se trata de competir con los demás. Se trata de ganar contra ti mismo, de crecer cada día como persona y convertirte en un ser humano más valioso.

—Para así poder dar más valor a aquellos que nos rodean.

—Lo has comprendido a la perfección, Catherine —manifestó Julian muy complacido con mi respuesta—. Ahora volvamos una vez más a lo que te decía sobre convertir tu hogar en un paraíso.

—Soy todo oídos...

—Te recomiendo que comiences por llenar tu casa con los mejores libros. Enséñales a Porter y Sarita que para ser líderes en sus vidas deben leer todos los días. Uno de los mejores regalos que un padre puede darle a sus hijos es el amor a la lectura, la pasión por los buenos libros. Las respuestas a cualquier pregunta que los niños quieran formular están contenidas en los libros. A través de la disciplina de la lectura diaria, Porter y Sarita pasarán parte de su tiempo con las personas más influyentes que han pisado este planeta. Podrán explorar lo más profundo de los más sabios pensadores de la historia y aprender de la visión personal de ellos. Te aconsejo que establezcas una sesión de lectura de media hora todas las noches con tus hijos. Consigue que se enganchen a un autor en particular o con una historia fascinante que les haga esperar con ansia la continuación. Te prometo que este procedimiento tan sencillo tendrá una influencia muy positiva en sus vidas.

—Es una idea extraordinaria, Julian. La verdad es que di por hecho que aprenderían todo esto en la escuela.

—Las escuelas solo son un complemento de la enseñanza de los padres. En esta época en la que los padres tienen tantas cosas que hacer en muy poco tiempo, es muy fácil despreocuparse y confiar en que los maestros les enseñarán a los hijos todas aquellas cosas que tú tendrías que haberles enseñado de no haber sido porque intentabas llevar a cabo una multitud de actividades que acaparan tu atención. Ese es un enfoque erróneo. Ejercer el liderato como padres significa hacer todas las cosas que tu conciencia te dicte aunque quizá no sean las más fáciles.

—¿Podrías darme un ejemplo? —le pedí porque no le había entendido muy bien.

—Por supuesto. Después de una larga jornada de trabajo, quizá no te apetece otra cosa que tumbarte en el sofá y mirar la televisión. Pero digamos que Sarita quiere que le leas algo. Lo más sencillo sería traspasar la responsabilidad y conseguir que Jon se la lleve a dar un paseo. En cambio, lo correcto sería apagar el televisor, coger un libro y leérselo a tu hija. Si lo haces, estás demostrando tu liderato en el hogar.

—Estoy de acuerdo —admití.

—Otro ejemplo podría ser decirle tu verdad a Porter.

—¿Decirle mi verdad? ¿Eso qué significa?

—Decirle tu verdad significa hablarle desde tu corazón. Son demasiadas las personas en este mundo que solo hablan con las palabras que los demás desean escuchar. Emplean las palabras para manipular y controlar, y no para expresar sus verdaderos sentimientos y conseguir la comprensión que siempre lleva a un amor más grande. Al utilizar palabras que no manifiestan lo que quieren decir o sienten de verdad, viven sus vidas en un estado de hipocresía espiritual. Solo si dices tu verdad, aquello que de verdad sientes, crees y sabes, estarás en condiciones de ser la líder familiar que estás destinada a ser.

—¡Vaya! —exclamé porque fue la única respuesta que se me ocurrió.

—Ahora volvamos al ejemplo. Ocurre con demasiada frecuencia en la vida que escapamos de nuestros miedos. Las personas sabias, ilustradas y totalmente maduras tienen muy claro que deben correr hacia sus miedos. La mayoría de nosotros detestamos enfrentarnos a las personas que nos han ofendido y que nos han hecho sentir mal. Hay quienes nos tratan con desdén, nos menosprecian y nosotros, en lugar de tener el coraje de plantear el tema de una manera madura, fingimos que nunca ha pasado. Pero el problema es que si finges, la herida se infecta.

—Además, te deja sin energías —señalé.

—En efecto, Catherine. Todas esas pequeñas heridas se van sumando hasta convertirse en un peso enorme que acabas cargando durante el resto de tu vida. Demostrar tu liderazgo significa que te enfrentas a los problemas cuando aparecen de una manera madura, racional y sincera por muy molesto que te resulte. Por lo tanto, pongamos por caso que Porter cuando sea un poco mayor, quizá en los primeros años de la adolescencia, hace que te avergüences. Tienes que elegir entre eludir el tema o hacerle frente. Eludirlo garantiza que la herida se infectará. Hacerle frente significa que Porter tomará conciencia de sus acciones y que entre vosotros dos habrá una mayor comprensión.

—Lo que me quieres decir es que el liderazgo, en muchos sentidos, significa tomar la decisión valiente y el camino difícil por mucho que me asuste y me haga sentir mal.

—Efectivamente, y te diré algo más: cuanto más dura seas contigo misma, más bondadosa se mostrará la vida contigo. Cuanto más estricta seas contigo misma más amable será la vida contigo.

—¿Qué quieres decir?

—Me refiero a que cuando eres estricta contigo misma, controlas todas las debilidades y tienes la fuerza interior de hacer siempre lo que es correcto, tu vida será magnífica. Dejar de lado lo que es fácil de hacer y preferir aquellas actividades que tu corazón te dice que son las correctas siempre te conducirá a la vida familiar de tus sueños.

—¿La vida que definí en mi acuerdo de la visión sobre la familia?

—Eso es, hermanita, eso es. —Con un gesto absolutamente teatral, Julian se cubrió la cabeza con la capucha. Se acercó a la ventana y contempló el panorama de los rascacielos donde había miles de personas enfrentadas a los mismos problemas que yo intentaba resolver—. Tengo que marcharme, Catherine. Me espera una persona.

—¿Puedo saber quién es? —le pregunté, dominada por la curiosidad.

—Voy a reunirme con un artesano. Está trabajando en un proyecto especial que le encomendé. Ya lo sabrás en el momento oportuno —fue la escueta respuesta de mi hermano—. Pero antes de marcharme, deja que acabe la lección. Como te decía, debes asumir la responsabilidad del desarrollo moral de tus hijos. No esperes a que la escuela se haga cargo de todo. No es justo para los chicos ni la escuela. Enséñales a Porter y Sarita el amor por los grandes libros. Henry David Thoreau en su obra clásica, *Walden*, se refirió a ellos como los «libros heroicos», los libros que contenían los pensamientos más nobles de la humanidad.

—Sarita no sabe leer, y Porter está empezando con los libros infantiles. ¿Tiene algún sentido llenar nuestra casa con las biografías de los grandes hombres y los libros de filosofía que no está en condiciones de leer?

—Él no puede leerlos por su cuenta, pero tú sí que se los puedes leer. Si eres sincera en tu intención de inspirar en tus hijos la voluntad de ser grandes líderes de sus propias vidas, entonces debes ponerles en contacto con las vidas de los grandes personajes que les precedieron. Tal como te mencioné, pocas cosas actúan tan favorablemente en los niños como los buenos ejemplos. Si quieres que a tus hijos les encante aprender, apaga el televisor y dedícales una hora de lectura todas las noches. Si deseas que tus hijos se comprometan en la búsqueda de la perfección, asegúrate de hacer lo mismo. Al llenar tu casa con los mejores libros y marcarte un tiempo de lectura, aunque solo sean quince minutos cada día, le enviarás a tus hijos un mensaje muy poderoso: leer es importante. Por otra parte, no se me ocurre un mejor legado para tus maravillosos hijos que una biblioteca surtida con los pensamientos de las personas más sabias que han pisado la tierra. A la vista de cómo son Porter y Sarita, te lo agradecerán eternamente.

—¡Qué idea tan fabulosa, Julian, reunir una colección de las mejores obras escritas para regalársela a mis hijos!

—Sería maravilloso, Catherine. Así que allí donde vayas, no te olvides nunca de buscar libros para su colección. Léeselos en voz alta todas las noches. Quizá creas que no los entienden, pero la sabiduría que recibirán quedará a buen recaudo en su memoria. —Julian hizo una pausa y después añadió con un tono poético—: Las semillas que siembres en sus mentes acabarán por manifestarse en forma de grandes acciones de adultos ilustrados.

—Cuando estábamos en las primeras etapas de BraveLife.com, llamamos a unos consultores para que nos ayudaran a crear una dinámica de aprendizaje en el trabajo. Nos dijeron que si de verdad queríamos tener unos empleados capaces de producir y crear, era nuestra obligación como líderes de la empresa propiciar un entorno donde a las personas les encantara aprender.

—Algo muy sensato. Ahora vivimos en un mundo donde las ideas son la mercancía del éxito. En la vieja economía, el valor estaba definido por los ladrillos y la mano de obra; cuántas oficinas tenías y cuántos empleados figuraban en tu nómina. En la nueva economía, el éxito empresarial se define por la inteligencia y las creencias, por la calidad de las ideas originadas por tu gente. Una idea, surgida de la mente de una única persona, puede transformar el mundo. Si no me crees, no tienes más que fijarte en Bill Gates o Steve Jobs, para usar solo dos ejemplos del mundo de la tecnología de vanguardia en el que te mueves. Sus ideas sobre el potencial de los ordenadores han cambiado nuestra manera de vivir. Una idea, si se lleva a la práctica con todo los esfuerzos aunados y un sentido insobornable del compromiso, puede cambiar el mundo.

—No solo ocurre en el seno de las empresas —señalé—. Nelson Mandela comenzó con la sencilla idea de que su gente merecería ser libre.

—Lo mismo hizo Mahatma Gandhi.

—Amelia Earhart tenía una idea muy clara de la aviación.

—Otro buen ejemplo —afirmó Julian.

—Las ideas de Einstein transformaron la ciencia.

—Correcto, hermanita. Los grandes líderes de este nuevo mundo serán los grandes pensadores. Así que tu deber como madre es escuchar a esos consultores carísimos que llamaste y crear una dinámica de aprendizaje no solo en tu empresa, sino también en tu hogar. Conseguir que aprender sea divertido. Convierte tu casa en el patio de juegos de las ideas de forma que los chicos se apasionen de verdad por aprender. ¡Toma el modelo de Jorge el Curioso!

—¿El modelo de Jorge el Curioso?

—A Porter y Sarita les encanta Jorge el Curioso, ¿no es verdad?

—Es su héroe —respondí.

—Todos los libros de Jorge el Curioso comienzan con la misma frase. ¿La recuerdas?

—Desde luego: «Jorge era un monito muy bueno, pero también muy curioso».

—Correcto. Lo que pretendo decir es que tu deber como madre consiste en provocar una curiosidad insaciable en Porter y Sarita. Enséñales a tener hambre de conocimiento y sed de sabiduría. Ayúdales a amar los libros, la música y las ideas. Esta es la manera de que triunfen en este mundo de cambios continuos.

—¿Hay algo más que pueda hacer para transformar nuestro hogar en un paraíso después de haber creado lo que tú llamas una «dinámica de aprendizaje» para la familia?

—Flores —me respondió Julian—. Por unos cinco euros puedes entrar en cualquier floristería y comprar un ramo de flores que tendrán un efecto sensacional en el entorno hogareño.

—¿Tú crees?

—El simple acto de llevar a tu casa uno o dos ramos de flores la inundará de una sensación de paz y tranquilidad. En Sivana, los sabios llenaban sus casas con flores; las consideraban símbolos de todo lo bueno que ofrece la vida. Las flores añadirán color a tu hogar, te mantendrán en contacto con los sencillos placeres de la vida y le enseñarán a los chicos que la naturaleza es una fuerza positiva en la vida.

—Estoy de acuerdo, Julian. Desde que estoy en casa salgo una vez a la semana a pasear por el bosque, el mismo donde solíamos jugar cuando éramos niños. También les apago el televisor a los chicos y me los llevo a pasear. Recogemos hojas, jugamos al escondite y tiramos piedras en el lago donde a ti te gustaba tanto bañarte.

Julian se echó a reír a mandíbula batiente.

—Lo recuerdo. Nos lo pasábamos bomba cuando éramos niños, ¿verdad?

—Claro que sí. Creo que tienes toda la razón. Las horas que los chicos y yo pasamos en plena naturaleza se convierten en algo muy especial. Nos une y saca lo mejor de nuestros corazones. Además, sé que obra maravillas en su creatividad.

—Mi consejo es que procures hacer todo lo posible para que el interior de tu casa sea hermoso. Desarrolla un profundo aprecio por la belleza. Aumenta tu percepción de lo que es hermoso. A medida que aumente el aprecio, digamos que a través de la sabia distribución de las flores por la casa, encontrarás poco a poco más belleza en el hogar y en tu vida.

—La mente es algo fabuloso, ¿verdad, Julian?

—Claro que sí. Los sabios me enseñaron muchísimas cosas sobre cómo funciona y sus maravillas —afirmó Julian muy entusiasmado con el tema—. Para convertir tu casa en un paraíso, también te sugiero otra de las prácticas de los sabios: que dejes circular el aire fresco por todas las habitaciones de la casa.

—¿Por qué?

—Es una de las viejas costumbres orientales que incluso ahora no acabo de comprender del todo. Pero Catherine, te recomiendo que juzgues por los resultados. Mi habitación siempre tiene las ventanas abiertas, y sé que esa es una de las razones para mi extraordinaria energía y una salud perfecta. Quizá sea porque cuanto mayor es la cantidad de oxígeno que entra en nuestros pulmones, mayor es nuestra vitalidad. Los sabios siempre decían que «respirar correctamente es vivir correctamente». Yo todos los días tomo la precaución de respirar aire puro. Durante mis paseos matinales, respiro consciente, profunda y completamente. Esta sencilla costumbre llena mi cuerpo de vitalidad y energía. ¿Qué es lo primero que hacemos al nacer, Catherine?

—Comenzamos a respirar.

—Así es. Por lo tanto, recuerda que la práctica de una respiración correcta es esencial para la vida.

—Muy bien. ¿Alguna cosa más para convertir mi hogar en un santuario especial donde construyamos nuestra cultura familiar y que nos ayude a que nuestros sueños se conviertan en realidad?

—Tres últimas sugerencias antes de marcharme. Primera: permite que el sol entre a raudales en tu hogar. Calienta el alma y hace las cosas más placenteras. Una vez más, fíjate en mi habitación. He colocado una claraboya con este propósito de manera que los rayos de sol me hacen sonreír durante todo el día. Segunda: procura que haya un tiempo de silencio, sobre todo al final del día cuando los niños han vuelto de la escuela y Jon ha regresado del trabajo. La mayoría de los padres no piensa en el nivel de ruido de su hogar y, sin embargo, es uno de los factores que inciden más en la paz mental. Tu entorno moldea tu pensamiento. Si la televisión está siempre encendida, las consolas de videojuegos en marcha y la radio a todo volumen, tu hogar nunca será un remanso de paz, un paraíso alejado del mundo exterior. Para crear un verdadero santuario donde a toda la familia le encante estar, debes asegurarte de que se trate de un lugar tranquilo.

—Parece algo tan fantástico tal y como lo describes... —afirmé de todo corazón.

—Consigue que tus hijos aprecien la tranquilidad. A medida que crezcan enséñales que no es necesario tener siempre la radio a todo trapo, el ordenador encendido y los teléfonos sonando. Anímalos a que disfruten de conversación estimulante, que se acostumbren a escribir cartas... Una cosa más, también muy importante, recomiéndales que contemplen los bellos atardeceres y tengan grandes sueños.

—Me encantaría que los chicos se aficionaran a esas cosas —repliqué con anhelo.

—Una costumbre maravillosa e imprescindible para la cultura familiar es la comida diaria en la que toda la familia se siente a la mesa para disfrutar de la compañía mutua. Hace muchos años, la hora de la comida se consideraba sagrada y parte de los hábitos de todas las familias. Pero desafortunadamente, con todas las exigencias que nos plantea nuestra época, el hábito se ha perdido del todo. Te sugiero que utilices este tiempo especial para preguntarles a los demás cómo les ha ido el día y lo que cada miembro de familia ha sacado de provecho. Habla de tu acuerdo de la visión acerca de la familia o de cualquier otro asunto importante. Puede ser algo que haya suscitado tu interés o una anécdota divertida que te hayan contado. Lo importante es ver todo esto como una excelente oportunidad para fortalecer los vínculos al final de la jornada. ¡Ah!, por cierto, no te olvides de descolgar todos los teléfonos durante la hora de la comida para que nadie os interrumpa.

—Supongo que para eso están los contestadores automáticos.

—Así es.

—Sin embargo, todos parecemos tener la urgencia de salir corriendo para atender el teléfono cada vez que suena aunque estemos haciendo algo importante con los chicos.

Julian asintió. Me di cuenta de que tenía prisa por marcharse, pero quería compartir conmigo todos los consejos que pudiera antes de dejarme.

—Implantar la costumbre de comer todos juntos es una magnífica manera de demostrar el verdadero liderato en el hogar. Recuérdalo, tú, en tu papel de madre eres una líder. El liderazgo no es algo reservado exclusivamente al presidente ejecutivo. Ya sea que trabajes en una sala de juntas como esta o en tu hogar en calidad de madre a tiempo completo, tú eres una líder.

—¿Cuál es la conclusión final?

—Nunca olvides que la familia que juega unida permanece unida. Cada equis semanas, celebrad la noche de la risa. Alquilad películas cómicas en la tienda de vídeo o haced cosas ridículas en casa que hagan reír a todos. Nunca pierdas ese fabuloso sentido del humor que tienes, Catherine, y enséñales a tus hijos el milagro que pueden obrar unas buenas carcajadas. La risa es realmente el camino más corto entre las personas y una de las maneras más sabias de profundizar en las relaciones humanas. A veces la vida puede ser muy difícil, pero mantén la perspectiva y busca el momento de reír todos juntos. Cuanto más te rías, más claro tendrán Porter y Sarita que ser un adulto no es después de todo una ocupación tan seria. ¿Has observado a los chicos cuando juegan a ser como tú y Jon?

—Sí, lo he hecho.

—Se comportan de una manera muy seria, ¿verdad?

—Tienes razón —respondí estremecida con el descubrimiento.

—¿Se ríen y cuchichean cuando os imitan?

—No —contesté en voz baja.

—Por lo tanto, lo que comenté antes puede ser cierto. Los niños están mucho más capacitados que los adultos para enseñarnos las lecciones que necesitamos aprender. Quizá para ti, mi gran hermanita a la que quiero tanto, la lección es que debes divertirte más.

—Pero si bailé encima de esta mesa… —me excusé con una risita.

—Lo hiciste —respondió Julian, al tiempo que me abrazaba y me daba un beso en la frente—. Sé que todos vosotros tendréis una vida magnífica, y que tus hijos se convertirán en unos adolescentes extraordinarios y unos adultos de primera. No tienes por qué preocuparte en ese sentido. Tómate todo lo que te he enseñado al pie de la letra. Reflexiona el resto del día sobre la sabiduría que he compartido contigo y dedícate a pensar en cómo utilizarla para crear un rica cultura familiar y un hogar que sea una comunidad llena de amor. Tu vida pasará de lo común al reino de lo extraordinario.

Dicho esto, mi hermano, el gran Julian Mantle, se marchó y me dejó sola en la sala de juntas mientras los rayos del sol me bañaban con su luz dorada. Me sentía tan feliz por todo lo que había aprendido que sentí deseos de bailar una vez más sobre la mesa.

SIETE

La segunda destreza del líder familiar

Pase de reprochar a su hijo a moldear al líder

> Adopte la norma de no acostarse nunca sin poder decir, si es posible: «Hoy he conseguido que al menos un ser humano sea un poco más sabio, un poco más feliz o un poco mejor».
>
> CHARLES KINGSLEY

> No he amado bastante. He estado ocupada, ocupada, tan ocupada preparándome para la vida que la vida pasó a mi lado rápida y silenciosa como un velero.
>
> LORENE CARY

El consejo de Julian de que la familia era una organización que necesitaba liderazgo, como cualquier otra organización, no cayó en saco roto. En las semanas siguientes a nuestra significativa reunión en las céntricas oficinas de BraveLife.com, me dediqué a realizar unos cuantos cambios profundos en la manera de hacer las cosas en casa. Jon y yo nos comenzamos a considerar los líderes y catalizadores del cambio. Nos dimos cuenta de que Julian tenía razón: los padres son los líderes, así que teníamos que renunciar a lo fácil en nuestras vidas y comenzar a hacer lo correcto. Salíamos a dar largas caminatas mientras Julian jugaba con Porter y Sarita y las aprovechábamos para sentar las bases de nuestro acuerdo de visión familiar, un contrato que ambos prometimos que guiaría nuestras acciones. Analizamos la clase de ejemplo que estábamos dándole a nuestros hijos a través de nuestros comportamientos y escribimos una larga lista de todas aquellas cosas que se debían mejorar o cambiar cuanto antes.

Hace siglos, Thomas Fuller escribió: «Quien no vive según sus creencias no cree». Para mí, esto se traduce en que si no vives de acuerdo con los valores en los que dices creer es que en realidad no crees en ellos. Puedes decir lo que quieras, pero hablar es barato y las pruebas nunca mienten. Ya puede proclamar a los cuatro vientos que para usted la familia es lo primero que, si la mayoría de las noches no cena en casa porque tiene alguna cena de negocios, la verdad es que su familia no es lo primero. Usted puede defender de palabra los beneficios y el poder de la lectura y ofrecerle a sus hijos los mejores libros, pero si dedica la mayor parte de su tiempo libre a mirar las series de televisión, entonces es que en realidad no cree que aprender sea algo tan importante. Después del accidente aéreo, no me quedaba ninguna duda de que para mí la familia era lo más importante en el mundo. Ahora tenía que vivir en consonancia con dicha creencia.

Aquellos días después del accidente, con Julian instalado en la pequeña habitación encima del garaje, fueron tiempos preciosos. Jon y yo nos sentíamos cada vez más unidos. Cuanto más hablábamos de cómo mejorar nuestra cultura familiar y convertir nuestro hogar en un paraíso, más renovábamos el cariño que ambos creíamos haber perdido. Llegué a desarrollar un gran aprecio por la fuerza de carácter de Jon y por el hombre que era. A su vez, Jon me dijo que me admiraba por la capacidad intelectual, la autodisciplina y mi nueva pasión por la vida. Cada vez nos entendíamos mejor. Nos respetábamos mucho más y llegamos a amarnos de una manera completamente nueva.

Recomponer mi relación con Jon y los chicos no siempre fue cosa fácil. Por supuesto hicimos progresos tremendos en un tiempo relativamente breve, en gran medida por la fuerza de mi compromiso de mejorar la vida familiar. Pero después de tantos años de descuido por mi parte, era inevitable que aparecieran dificultades.

Había veces en las que Jon se mostraba amargado por los años perdidos y algunos acontecimientos familiares en los que no había participado. Dado que no era una persona muy habladora, esta frustración a menudo se expresaba en forma de apatía. Me decía que no le interesaba ir a comer al bosque o ayudarme a preparar un plato especial. Mahatma Gandhi, uno de los grandes líderes de la humanidad, comentó en una ocasión: «Tres cuartas partes de los infortunios y malentendidos del mundo desaparecerían si nos pusiéramos en la piel de nuestros adversarios y comprendiéramos sus puntos de vista». Si bien estaba claro que Jon no era mi adversario, yo confiaba en este mensaje cuando las cosas se ponían tensas entre nosotros. Me preguntaba a mí misma «¿qué estará sintiendo ahora mismo, y cómo podría ayudarlo?». Intentaba con todas mis fuerzas meterme en su pellejo y ver las cosas desde su perspectiva. Cada uno de nosotros ve el mundo a través de un prisma particular, y cada color representa una experiencia, una actitud o un prejuicio. Era útil ver el mundo a través del suyo.

Con el tiempo comprendí que Jon necesitaba algo más que estar juntos. Anhelaba una mayor comprensión. Quería ser amado profundamente y tener a una pareja a la cual amar de la misma manera. Necesitaba alguien con quien celebrar las pequeñas victorias que conseguía en su propia empresa, y que le escuchara cuando las cosas no salían como él esperaba. Quería una pareja con la que reírse, una amante de la que pudiera aprender, y una esposa que fuera su mejor amiga.

También debo reconocer que Porter y Sarita no siempre cooperaban. Por supuesto, estaban encantados con que yo pasara tanto tiempo con ellos y con que hubiese trasladado mi despacho a casa. Agradecían que me mostrara menos seria, más juguetona y muchísimo más afectuosa de lo que nunca había sido. Pero el tiempo que había pasado lejos de ellos se había convertido en un pesado lastre. Algunas veces se pegaban a mí como una lapa y no había manera de apartarlos. En otras, cogían rabietas por cuestiones que a otros niños les hubiesen sido del todo indiferentes. Me daba cuenta de que su inseguridad la provocaba la posibilidad de que este sueño se acabara bruscamente y su madre volviera al trabajo y recuperara su estilo de vida anterior. Era consciente de que me llevaría algún tiempo recuperar totalmente la confianza de Porter y Sarita. Unos pocos meses de ser la madre ideal no podían equipararse con toda una vida de compromiso y dedicación a los hijos.

Me di cuenta de que mi visión de convertirme en una madre excelente era un trabajo lento. Aprendí a ser amable conmigo misma y aceptar con benevolencia los fracasos del pasado. Comprendía que eran una parte necesaria de mi evolución. «Todo ocurre por una razón», me recordaba a mí misma. La vida es un proceso continuo. Vivimos, flaqueamos, y después aprendemos y crecemos. Me prometí sencillamente que aceptaría la sabiduría de Julian de todo corazón y aplicaría sus ideas con una fe ciega. Estaba segura de que los resultados llegarían y con ellos, lo mejor de mi vida.

Después de muchas conversaciones hasta bien entrada la madrugada y de mucha introspección por nuestra parte, Jon y yo comenzamos a tener un sentido mucho mayor de la responsabilidad respecto a lo que ocurría dentro de nuestro hogar. A medida que pasaban los días, la apatía que Jon mostraba de vez en cuando se convirtió en simpatía y en un reconocimiento de lo mucho que yo trabajaba para conseguir que nuestra vida alcanzara los objetivos que ambos sabíamos que podía alcanzar. Comenzamos a reírnos más a menudo y, dado que la risa es contagiosa, los chicos no tardaron en seguir nuestro ejemplo. Nos abrazábamos muchas veces al día, y decir «te quiero» se volvió algo tan común en nuestro hogar como la leche derramada y las sesiones de dibujos animados los sábados por la mañana. Además, todos comenzamos a disfrutar de verdad con algo tan sencillo como la compañía mutua.

Todo este proceso se había puesto en marcha después de aquella reunión con Julian en el centro, y con el acuerdo de la visión acerca de la familia que habíamos elaborado Jon y yo a instancias de mi hermano. Para nosotros era del todo lógico: es imposible hacer diana en algo que no se ve. Si queríamos realmente conseguir unas mejoras profundas en nuestra vida familiar y tener una cultura hogareña basada en el amor y la alegría, necesitábamos tener una imagen clara del resultado final y luego trasladarla al papel. «La claridad precede a la pericia» era la frase que Julian nos repetía a los dos mientras estábamos en la sala.

Al aclarar nuestro futuro, definir nuestros valores y reflexionar sobre nuestras prioridades, comenzamos a vivir de una manera más consciente. La vida ya no actuaba sobre nosotros; nos habíamos hecho cargo de nuestras vidas y vivíamos los días de acuerdo con nuestras propias condiciones. Personalmente, me sentía mucho más tranquila y que controlaba la situación. Aquella sensación de estar abrumada, que domina las vidas de la mayoría de nosotros en este mundo salvaje donde mezclamos largas horas de oficina con las compras, el deporte y el trabajo voluntario, comenzaba a desaparecer. La vida volvía a ser divertida.

En cuanto a Julian, pasaba casi todos sus días dedicado a la meditación y la lectura en su pequeña habitación encima del garaje. De vez en cuando escuchaba que alguien martilleaba y serraba, pero me abstuve de ir a curiosear por respeto a la independencia de mi hermano. Algunas veces se presentaba en nuestra sala cubierto de serrín, y le oía murmurar cosas como «espero que esos condenados artesanos sepan lo que están haciendo», pero nunca le pregunté a qué se refería.

Las necesidades de Julian eran mínimas: ramos de flores que yo le traía cuando iba a hacer las compras, montones de aire puro y mucho tiempo para estar con Porter y Sarita. El amor por sus sobrinos se fortalecía por momentos. Julian había sido un padre de primera para Ally en el curso de su muy corta vida. Pero con su sabiduría y comprensión actuales, yo tenía muy claro que sería un gran padre si alguna vez se decidía a tener hijos otra vez. Una mañana abordé el tema.

—Hola, Julian —le saludé cuando le vi entrar con una botella de agua de la fuente en la mano después de su acostumbrado paseo matinal.

—Buenos días, Catherine. Hoy hace un día radiante. ¿Te has fijado en que todavía se ve la luna aunque el sol está alto?

—No me había dado cuenta, pero le echaré una ojeada en cuanto deje a Porter en la escuela y a Sarita en casa de la madre de Jon. Ha estado de vacaciones y ahora quiere pasar el día con su nieta. Es una mujer muy agradable, Julian.

—Eso me han comentado. ¿Te importa si te acompaño en el coche?

—¡Qué alegría! A Sarita le encanta que te sientes con ella y juegues a ser «el guía turístico».

—Haría cualquier cosa por divertirla —señaló Julian.

—Lo sé.

Después de dejar a los chicos, comencé a formularle a Julian algunas de las preguntas que tenía en mente.

—¿Julian?

—Dime, Catherine.

—¿Crees que te volverás a casar alguna vez?

—¿Qué? —exclamó Julian y se echó a reír.

—No, hablo en serio. Estás de muy buen ver. Eres la persona más sabia que he conocido. Es maravilloso estar contigo y tienes la actitud más positiva que puedo imaginar. Creo que tienes muchísimas oportunidades de conocer a alguien especial. Quizá incluso de tener otro hijo.

Julian miró a través de la ventanilla en el más absoluto silencio. Yo no dije nada más. Al cabo de un par de minutos, vi rodar por sus tersas mejillas lágrimas que fueron a parar a los pliegues de la túnica roja que se había convertido en su atuendo habitual.

—Lo lamento, Julian. No pretendía revivir los malos recuerdos —me disculpé.

—No te disculpes. En realidad, me haces recordar momentos muy gratos —me respondió con un tono muy dulce—. Los días que pasé con Ally fueron los más hermosos de mi vida. Tener a Porter y Sarita cerca me ha devuelto la alegría de aquellos días. Quiero mucho a mis sobrinos.

—Lo sé.

—Porter y Sarita son unos chiquillos muy especiales. Han mejorado tanto en tan poco tiempo…

—Gracias. Estoy poniendo todo mi empeño en conseguirlo.

—Sé que es así —afirmó Julian.

—Lamento ser tan insistente, pero soy tu hermana y me preocupo mucho por ti. Dime, ¿qué opinas? ¿Te seduce la idea de volver a casarte?

—No en este momento de mi vida, Catherine. Pero quizá más adelante —respondió con una ancha sonrisa provocada por el hecho de que, a pesar de encontrarse en sus años dorados, físicamente parecía veinte años más joven.

—De acuerdo, no voy a presionarte. Por ahora… Pero tengo toda una legión de amigas hermosas e inteligentes a quienes les encantaría conocer a un hombre como tú.

—Lo tendré muy en cuenta, hermanita. Ahora mismo tengo otras prioridades.

—¿Puedo saber adónde quieres ir? —pregunté, mientras Julian bajaba el cristal de la ventanilla y sacaba una mano para hacerla ondear al viento como hacen los niños en los días del verano.

—Esperaba que hoy pudiésemos ir a la cabaña. Hace años que no voy por allí. Me pareció que hoy sería el día perfecto para compartir contigo la segunda destreza del líder familiar.

—¿Lo dices en serio? —exclamé alegremente—. Me preguntaba cuándo me la enseñarías. ¿De qué va?

—La segunda destreza del líder familiar trata de crear un clima de confianza y abrir las puertas de la humanidad.

—¿Abrir las puertas de la humanidad?

—Así es. Con demasiada frecuencia, Catherine, contenemos nuestra humanidad. No les decimos a los demás lo mucho que los queremos o todo lo que apreciamos de ellos. Este fracaso nos impide forjar los vínculos del amor que dan lugar a una gran cultura familiar. La segunda destreza del líder familiar dice «Pase de reprochar a su hijo a moldear al líder», y eso se consigue por medio de estrechar tus vínculos en el hogar.

—De acuerdo, Julian, vayamos a la cabaña. Creo que es una idea magnífica. Jon está trabajando en un proyecto importante y me avisó de que regresaría a casa más tarde de lo habitual. Llamaré a su madre y le pediré que vaya a recoger a Porter a la escuela. Sé que estará encantada de disfrutar de la compañía de sus nietos.

—Magnífico —manifestó Julian muy complacido ante mi disposición a cambiar mis compromisos para que pudiéramos dedicar todo el día a la lección.

—Por otra parte, me vendrá bien un respiro. He pasado tanto tiempo con los chicos que me encantaría disponer de unos momentos para mí sola en el campo.

—Es importante que tengas un tiempo exclusivamente para ti, Catherine. Son demasiados los padres que se sienten culpables si se toman un tiempo para ellos. Creen que es un comportamiento egoísta. Pero reservarnos un tiempo para renovarnos y hacer acopio de energía es en realidad un acto desinteresado.

—¿Tú crees?

—Por supuesto. Hace que te sientas mejor con tu familia y redunda en beneficios para todos. Cuando tú estás feliz, ellos también. Cuando te sientes relajada y en paz das lo mejor de ti misma, y tu familia será la máxima beneficiada.

—Algo francamente interesante. Lo tendré muy en cuenta.

—No perdamos ni un segundo más y vayamos a la casita de campo cuanto antes. Quiero compartir contigo unos cuantos principios que mejorarán todavía más tu vida hogareña. Estás haciendo progresos muy importantes. Estoy muy impresionado con tus esfuerzos. La charla que mantuvimos en las oficinas de BraveLife.com parece haberte calado muy hondo.

—Aquel día me abriste los ojos a muchas cosas, Julian. La idea de que necesitaba ser una líder en el hogar y construir una cultura familiar dio en la diana.

—Me alegro —dijo Julian en voz baja.

Lo que Julian calificaba de «casita de campo» era en realidad una mansión espectacular que mi abuelo había construido en una finca de diecisiete hectáreas situada en un paraje idílico. La casa daba a un gran lago al que íbamos a nadar y navegar cuando éramos niños. Había flores por doquier y el trino de los pájaros se escuchaba por toda la propiedad. Resultaba tan agradable volver a este lugar...

Mientras conducíamos por el camino que llevaba a la casa principal, acudieron a mi mente mil y un recuerdos. Recordé el día en que Julian me enseñó a navegar en el velero que mi madre nos regaló el día que acabamos los cursos. Los dos habíamos sido los primeros de la clase, y ella había afirmado que nos merecíamos algo especial. Pasamos todo el verano en aquel velero, entretenidos en contarnos historias divertidas y soñando con las vidas que tendríamos de adultos. Incluso entonces, el sueño de mi hermano siempre era el mismo: «Seré un abogado famoso», repetía.

Sonreí cuando volvió a mi memoria la noche que decidimos dormir bajo las estrellas. Comenzamos a contarnos historias de fantasmas y nos asustamos tanto que acabamos llamando a gritos a nuestro padre para que viniera a buscarnos y nos llevara a casa iluminando el camino con una linterna. También recordé los grandes momentos familiares de que habíamos disfrutado en este rincón de belleza arrebatadora, unos momentos tan hermosos que la felicidad y el amor parecían estar mezclados con el aire que respirábamos.

—Siempre me ha gustado el olor de estas flores en la primavera —comentó Julian relajado.

—A mí también. En la ciudad nunca he conseguido encontrar unas flores tan grandes.

Mientras caminábamos por el sendero hasta la casa, Julian me rodeó los hombros con su brazo y continuamos sin decir palabra durante unos minutos.

—¿Sabes por qué nos sentimos tan unidos a este lugar? —me preguntó.

—No. ¿Por qué?

—Por los recuerdos, Catherine.

—¿Los recuerdos?

—Así es. Desde luego, este es un lugar maravilloso. Pero al final del día la razón de que esta finca ocupe un lugar tan importante en nuestros corazones es por todos los momentos humanos que hemos disfrutado aquí.

—¿Momentos humanos? —Una vez más sentí una gran curiosidad al encontrarme con otra de las nuevas expresiones de Julian.

—Sí, momentos humanos. La *Harvard Business Review* publicó un artículo referente a este tema hace unos cuantos años. El autor escribió que un motivo para que las personas ya no se sientan felices, creativas e inspiradas en el trabajo es porque el entorno laboral moderno se ha convertido en algo que no deja lugar para los momentos humanos.

—¿Qué son exactamente los momentos humanos?

—Son aquellos momentos especiales en que los seres humanos se encuentran y se comunican de una manera profunda y abierta. Antes de que las cosas en el mundo empresarial se convirtieran en un trajín enloquecedor, teníamos tiempo para charlar junto a la fuente de agua sobre lo que habíamos hecho durante el fin de semana o preguntarles a nuestros compañeros qué tal les iba a sus hijos en la escuela. Llegábamos a conocer a nuestros colegas y se convertían en elementos importantes en la trama de nuestras vidas. Ahora cuando la gente entra en el despacho se encuentra con un millón de mensajes de correo electrónico, otros tantos mensajes en el contestador automático y una montaña de faxes. En el nuevo mundo empresarial ya no queda tiempo para reducir el ritmo, disfrutar de la compañía de los demás y relacionarse con afecto. En la práctica, ni siquiera conocemos a las personas con las que pasamos la mayor parte de nuestros días.

—La ironía de todo esto —comenté— es que cuando encontramos tiempo para fomentar estas relaciones de las que hablas, entonces resulta que se disparan las nuevas ideas, la productividad y la eficiencia laboral.

—Eso es precisamente lo que escribió aquel consultor. Pero creo que el mensaje verdadero es este: los líderes empresariales pueden enriquecer el espíritu de las comunidades de trabajadores que integran sus compañías a través de incentivar los momentos humanos en el trabajo.

—Creo que esta vez tengo claro cuál es el mensaje que me quieres transmitir —afirmé.

—Aplica el mismo principio en tu vida familiar —declaró Julian.

—Interesante.

—Para demostrar el verdadero liderazgo dentro de tu familia —continuó Julian—, procura alentar los momentos humanos entre vosotros. Deja de reprochar a los niños y comienza a moldearlos como líderes a través del regalo de tu amor incondicional. Todos los auténticos líderes se preocupan profundamente de la dinámica de las relaciones dentro de sus organizaciones. Tú no tienes razón para ser diferente.

—De acuerdo —asentí con un tono reflexivo, consciente que aún me quedaba trabajo por delante con mi temperamento que a veces dejaba a rienda suelta en los momentos en que los chicos chillaban, sonaba el teléfono y el final de los plazos se acercaba rápidamente.

—Eres una estrella en el mundo de los negocios, Catherine —dijo Julian, cosa que me hizo sentir mejor—. Desde luego, no estoy en posición de enseñarte nada en lo que se refiere a crear una empresa de primera magnitud. Lo has hecho de una manera admirable.

—Gracias, Julian.

—Dada tu experiencia como líder empresarial, sabes que al final lo que más importa es el talento: las personas enérgicas, creativas y apasionadas con lo que hacen.

—Tienes toda la razón —respondí mientras entrábamos en la gran sala de la mansión.

—Sé que también estarás de acuerdo conmigo en que la mejor manera de conseguir que las personas den lo mejor de sí es demostrarles que tú te interesas de verdad por ellas.

—Estoy contigo.

—Por lo tanto, el secreto del triunfo empresarial es conectar con el corazón de las personas. El verdadero liderazgo de los seres humanos consiste en felicitarlos y no en condenarlos. Cuanto más profunda sea tu relación con los demás, más efectivo será tu liderazgo. Las personas no te seguirán si no confían en ti. Aquí tenemos una gran lección —señaló Julian con una voz emocionada—. Antes de que nadie te eche una mano, primero has de tocar sus corazones.

—¿Antes de que nadie te eche una mano, primero has de tocar sus corazones? Me encanta, Julian.

—¿Sabes por qué te encanta?

—No. ¿Por qué?

—Porque es la pura verdad. Todo ser humano, no importa en qué estado de la evolución esté, tiene la capacidad de reconocer las grandes verdades de la humanidad. La frase que te acabo de mencionar es una de ellas.

—Me recuerda una cita que leí hace poco del poeta alemán Goethe que escribió: «Trata a las personas como si fuesen lo que deberían ser y ayúdales a convertirse en lo que son capaces de ser».

—Ese es precisamente el objetivo de los momentos humanos. Las pequeñas oportunidades para demostrarle tu humanidad a otra persona. Todas las ocasiones para demostrar amor y compasión a otra persona que se nos presentan todos los días, pero que generalmente no aprovechamos porque estamos muy ocupados en estar ocupados.

—Por consiguiente, aprovechar estas oportunidades para crear lo que tú llamas «momentos humanos» amplía nuestras relaciones de una manera muy profunda, ¿correcto?

—Correcto, y no solo eso. Estos momentos humanos nos dejan recuerdos imborrables que, al final, se convierten en lo más precioso de la vida. Verás, Catherine, una vida feliz no es más que una serie de recuerdos felices.

—Fascinante.

—Es verdad. Demasiado a menudo nos dejamos engañar con la idea de que necesitamos realizar ciertos actos heroicos para dar validez a nuestras vidas y conseguir el éxito. Nos sentimos obligados a creer que debemos acumular cosas caras y un exceso de pertenencias para sentirnos gratificados al final del día. Pero ese no es el camino para alcanzar la verdadera felicidad. La felicidad auténtica y duradera llega a través de la acumulación de buenos recuerdos y momentos especiales. De ahora en adelante, Catherine, asume el compromiso de hacer todo lo que sea necesario para acumular todos los grandes momentos familiares que puedas. Ten siempre presente que el mejor camino para alcanzar el verdadero éxito en la vida es ser bondadoso de verdad. Toma estas ideas del entorno empresarial referentes a la comunidad y los momentos humanos y extrapólalos a tu vida familiar. Traslada todas las ya experimentadas y veraces filosofías del liderazgo que se aplican en el mundo empresarial al lugar donde vives.

—¿Cómo puedo hacerlo? —pregunté.

—Comienza por pensar que cuanto más profunda sea tu relación con Jon y los chicos, más efectivo será tu liderazgo dentro del hogar. Deja de regañar a Porter y Sarita, y comienza a moldearlos para que sean las grandes personas que ambos sabemos que están destinados a ser.

—¿Dejar de condenarlos y comenzar a felicitarlos? —repliqué con las mismas palabras que había empleado mi hermano.

—Eso es —exclamó Julian tan excitado que comenzó a dar saltos como si estuviese sobre un trampolín—. Elogia a tus hijos por los trabajos bien hechos. Nunca olvides que un comportamiento que se ve recompensado es un comportamiento que se repetirá. Muestra tu reconocimiento y aprecio cuando te ayuden con los platos o preparen la cena contigo. Prodígales tus halagos cuando aprendan algo nuevo. La alabanza sincera es uno de los grandes motivadores del corazón humano; sin embargo, la utilizamos en contadas ocasiones.

—Supongo que tienes toda la razón, Julian. Reprimimos nuestra humanidad.

—Tampoco te apresures a dar rienda suelta a tu enfado cuando derramen la leche o rompan un plato nuevo. Son niños y eso es lo que suelen hacer los niños. Forma parte de su aprendizaje. Recuerdo a un agente de inversiones con quien solía salir en mi época gloriosa que un día me comentó que su enorme confianza en sí mismo provenía de su infancia.

—¿Cómo es eso?

—Verás, lo crió su padre, y cada vez que derramaba algo, rompía un plato o cometía un error, su padre, en lugar de enfadarse, le preguntaba: «Dime, Jerry, ¿cuál es la lección que podemos sacar de esto?». Esta pregunta tan sencilla contribuyó a forjar uno de los caracteres más fuertes que he conocido. Recuérdalo, Catherine, un error es solo un error cuando lo repites. La primera vez forma parte del aprendizaje, algo esencial para el crecimiento.

—¿De verdad?

—Por supuesto. ¿Tú no crees que a través de nuestros errores y fracasos nos desarrollamos como personas?

—Sí que lo creo. Ahora que lo dices, mis grandes fracasos me condujeron a mis mayores logros.

—Efectivamente. El fracaso es el camino del éxito. Fracasar no es más que aprender a ganar. Los buenos padres recompensan los grandes fracasos. Cuando Porter y Sarita tengan el valor de intentar algo nuevo y fracasen, anímalos. Les infundirá confianza y los animará a seguir creciendo y a desarrollar su potencial. Si cometen un error, ayúdales a descubrir dónde se equivocaron y luego sigue adelante. Jamás utilices con ellos un lenguaje crítico o negativo. Condenar a los niños hace que se encojan por dentro y se apague la luz que los hace tan especiales. No sabes lo que sufro cuando escucho a los padres gritarles a sus hijos en el supermercado por el accidente más tonto. Aquí el error lo cometen los padres, no los niños.

—Dios, haces unas observaciones brillantes, Julian. Sin duda, has tenido que dedicar muchas horas a reflexionar sobre todos estos temas.

—Digamos que años y años —respondió mi hermano en voz baja mientras se alisaba la túnica con un gesto pensativo—. También piensa seriamente en aquel principio fundamental del liderazgo que te mencioné antes. Las personas no te seguirán si no confían en ti. Ten claro, de una vez por todas, que tu primera obligación como madre es promover la confianza humana.

—¿Necesito promover la confianza humana? —repetí, intrigada por la frase.

—Así es, Catherine. La confianza es la base de todas las grandes culturas familiares. Como te dije, antes de que alguien te eche una mano, debes tocar su corazón. En última instancia, la manera de llegar al corazón de una persona es ganándose su confianza.

—Por lo tanto, si quiero que Porter y Sarita ayuden más en la casa, digamos que recogiendo sus juguetes cuando acaben de jugar, ¿necesito tocar sus corazones más a menudo?

—Sí, eso es precisamente lo que digo.

—Entonces, ¿qué debo hacer en la práctica para promover la confianza como tú dices en mi hogar? ¿Cómo puedo profundizar mis relaciones y crear los grandes recuerdos que según tú son la materia básica de la vida familiar?

—Hay muchísimas cosas que puedes hacer. Pero la primera y, desde luego, la más importante es mantener tus promesas y ser fiel a tus compromisos. ¿Alguna vez has escuchado la historia del maestro carpintero que iba a jubilarse?

—Creo que no.

—El carpintero iba a jubilarse después de muchos años de dedicarse a construir casas. Pero, cuando al principio de su carrera empezó a trabajar con un importante contratista, le habían pedido que hiciera una promesa muy especial.

—¿Qué debía prometer?

—El carpintero tuvo que prometerle al contratista que cada una de las casas que construyera la consideraría el encargo más importante. Tuvo que prometer que construiría cada casa con dedicación, interés y amor. Cuando llegó el momento de la jubilación, el carpintero se presentó en el despacho de su jefe para comunicarle que acababa de construir la última casa. El jefe le dijo que lamentaba verle marchar y le preguntó si estaría dispuesto a hacerle un último favor. «Solo construye para mí una casa más», le rogó, «y te podrás marchar.» El carpintero, que sentía un profundo respeto por su patrón, aceptó y sin más demoras puso manos a la obra. Pero a diferencia de todas las otras casas que había construido a lo largo de los años, no utilizó toda su experiencia en este último encargo y se aprovechó de todos los trucos del oficio para acabar la construcción en el menor tiempo posible y comenzar pronto su vida de jubilado. Se despreocupó de los detalles y empleó materiales de inferior calidad siempre con el objetivo de terminar cuanto antes.

—Faltó a su primera promesa —dije entusiasmada con el relato de Julian.

—Eso hizo, Catherine. El carpintero acabó la casa en cuestión de semanas y, una vez más, se presentó en el despacho de su jefe para informarle de que había acabado el trabajo. «Muchas gracias por el favor», le dijo el jefe al carpintero con un tono amable, y a continuación le dio las llaves de la puerta principal. «Estas son para ti. La casa que acabas de construir es mi regalo por todos tus años de trabajo bien hecho.» El carpintero se quedó atónito. No podía creer que la casa que acababa de construir fuera la suya. De haberlo sabido, hubiese puesto todo su empeño.

—¡Vaya! Una historia fantástica...

—El carpintero no mantuvo la promesa más importante que le había hecho a su patrón y a él mismo, la promesa de que realizaría su trabajo con todos sus conocimientos y pericia. Como no cumplió con su compromiso, acabó viviendo en la peor de todas las casas que había construido. Lo mismo ocurre con nuestras vidas. Rompemos las promesas y acabamos viviendo de una manera que dista mucho de ser la ideal, en unas circunstancias que hemos creado con nuestras propias acciones.

—La lección, por lo tanto, es que los líderes familiares deben cumplir siempre con las promesas y ser leales a su palabra —manifesté.

—Sí, a menos que deseen acabar viviendo en casas miserables y mal hechas. Tampoco se trata de que cumplan en exclusividad con las promesas que han hecho a su familia, Catherine. También deben cumplir con las promesas que se han hecho a sí mismos. Mantener las promesas hechas a los demás fomenta la confianza y enriquece la cultura familiar. Ser fiel a las promesas hechas a ti misma fomenta la autoconfianza y enriquece tu carácter.

—Eso es muy cierto, Julian. Como sabes, ahora voy al gimnasio con regularidad.

—Se nota. Nunca has tenido mejor aspecto.

—Muchas gracias, Julian. Cuando falto a una de las sesiones me siento francamente mal. Es como si me hubiese engañado a mí misma o algo así.

—Efectivamente. Mantener las promesas que te haces a ti

misma, ya sea comprometerte a hacer ejercicio, tomarte un respiro para disfrutar de la naturaleza o incluso ir a una sesión de masaje después de una semana muy ajetreada, significa que eres leal contigo misma. Cuando cumples con los compromisos de cuidarte lo mejor posible, eres fiel a ti misma. Cuando rompes estas promesas, poco a poco vas perdiendo la confianza en ti misma. Cuantas más promesas incumplas, más confianza perderás. Llegará un momento en que dejarás de confiar en ti misma como ser humano. Cuando llegas a ese extremo, lo has perdido todo —afirmó Julian con mucha pasión. Levantó los brazos en un gesto teatral y el sol hizo destellar los bordados de su túnica.

—Todo lo que dices tiene mucho sentido, Julian. Nunca nadie me enseñó nada parecido. Ni en la escuela, ni en la universidad. Por favor, continúa.

—La confianza es la base de todas las relaciones humanas, ya sea en el trabajo o en la familia. Para profundizar las relaciones con tu familia, necesitas fomentar al máximo la confianza, y una de las maneras de conseguirlo es convertirte en la persona que dices ser. Las palabras tienen un enorme poder. No digas que harás esto o aquello a menos que estés absolutamente segura de poder hacerlo. Procura mantener todas las promesas que hagas. Intenta ser meticulosa con tu palabra. Te aseguro que eso transformará tu vida por completo.

—No parece tarea fácil ser meticulosa al dar la palabra. Me refiero a que tengo tantos compromisos... No es sencillo cumplir con todos.

—Entonces no asumas tantos. Comienza a comprometerte menos y así siempre podrás cumplirlos. Escoge con más cuidado lo que prometes. Para ser una gran líder en casa, primero debes ser un modelo de integridad. Debes ser la clase de persona que siempre hace lo correcto. La clase de persona que vive de acuerdo con su propio código de honor. Si lo haces, te ganarás el respeto de las demás personas. Pero hay algo todavía más importante, las personas que cumplen sus promesas ganan credibilidad. Sus familias confían en ellos y creen firmemente en lo que dicen...

—Porque saben que es la verdad —le interrumpí exaltada.

—Sí, porque saben que es la verdad, y la verdad es lo que te hará libre, hermanita.

—Nunca imaginé que ganar credibilidad a los ojos de mi familia fuese tan importante. Siempre creí que tenía otras prioridades como pareja y madre.

—La credibilidad es la clave, Catherine. La credibilidad fomenta la confianza y, tal como te he dicho, la confianza está en la raíz de toda relación profunda y significativa. Así que esta es mi sugerencia: no le hagas una promesa a nadie ni asumas un compromiso a menos que estés absolutamente segura de poder cumplirlo. No le digas a Porter y Sarita que los llevarás al circo este fin de semana si no estás segura de que podrás llevarlos. Las promesas de los padres son el mundo para los niños. Has de comprender que cuando rompes tus promesas, les partes el corazón. No le digas a Jon que le ayudarás a escribir el nuevo proyecto para su empresa del que tanto habla a menos que sepas a ciencia cierta que podrás hacerlo. En un período muy breve, comenzarás a ver que algo maravilloso comienza a pasar en tu vida. Los miembros de tu familia comenzarán a escucharte de una manera que no habían hecho nunca antes. Te mostrarán un profundo respeto. Llegarán a conocerte y amarte como una persona que siempre es fiel a su palabra. Esto es lo que fomentará el amor entre todos vosotros.

—Un conocimiento sorprendente y muy profundo y, sin embargo, parece algo muy sencillo.

—«Muy profundo y sencillo» es como describiría el conocimiento que los monjes tuvieron la bondad de compartir conmigo —replicó Julian, muy satisfecho con mi frase.

—De acuerdo, Julian. Me tomaré muy en serio el ser leal a mis promesas y cumplir con mis compromisos. Seré meticulosa con mi palabra. Cuando diga algo, tendré la fuerza de carácter para hacerlo. Intentaré con todas mis fuerzas convertirme en una mujer de palabra y dejaré de vivir de acuerdo con lo que sea más fácil. Me concentraré en hacer las cosas correctas. ¿Qué más puedo hacer para profundizar las relaciones dentro de nuestro hogar?

—¿Perdona?

—He dicho: ¿qué más puedo hacer para profundizar las relaciones dentro de nuestro hogar?

—¿Qué?

—Digo —grité mientras me preguntaba si Julian comenzaba a tener problemas de sordera a pesar de su extraordinario estado físico— que ¿qué más podría hacer para profundizar las relaciones dentro de nuestro hogar?

—Repítemelo una vez más, hermanita.

—Déjate de bromas, Julian. Te he hecho la misma pregunta tres veces. ¿Por qué no me escuchas? Comienzo a enfadarme.

—¡Ah, muchas gracias! Precisamente la respuesta que esperaba escuchar —afirmó Julian con una sonrisa de oreja a oreja—. Me has ayudado a pasar sin solución de continuidad al siguiente punto de las relaciones en el seno del hogar.

—¿Ah, sí?

—Sí. Para profundizar de verdad tus relaciones humanas y llegar a los corazones de los tuyos de una forma consistente con el objetivo de conseguir que mejoren todos los aspectos de tu vida familiar, debes convertirte en lo que llamo una oyente agresiva.

—Un momento. ¿Todo tu mensaje no es que debemos adoptar un enfoque más suave, más compasivo, en la relaciones humanas si queremos fortalecerlas? ¿Cómo es que me sales ahora con eso de ser más agresivo, Julian? Estoy cansada de ser agresiva. Estoy cansada de dar órdenes todo el día y de tratar a las personas sin miramientos. Eso era lo que hacía cuando trabajaba en el centro.

—No te estoy sugiriendo que vuelvas a tus viejos comportamientos, Catherine. Aquello era antes. Deja de verte a ti misma en esos términos. Comienza a vivir de tu imaginación, no de tu memoria.

—Vaya, me gusta esa frase, Julian. Es muy buena.

Mi hermano no hizo caso de la interrupción y continuó con sus enseñanzas.

—Convertirse en un oyente agresivo no tiene nada que ver con ser una persona más agresiva. Se trata de ser un oyente más comprometido. Para una gran mayoría en estos tiempos de tanto trajín, escuchar no es más que esperar a que la otra persona se calle para soltarle un discurso. Ser un buen oyente es un arte perdido en nuestra manera de vivir actual; no obstante, es el camino esencial para fomentar la confianza en el seno de tu familia. Mejorará tu cultura familiar de una manera que ni siquiera puedes imaginar. Verás, uno de los más profundos entre los apetitos humanos...

—¿Qué es un apetito humano?

—Todos tenemos una serie de necesidades humanas básicas. Los sabios las llaman apetitos humanos y se han tomado el trabajo de definirlos todos. Como te iba diciendo, todos tenemos estos apetitos humanos. Por ejemplo, la necesidad de actualizar nuestros talentos, la necesidad de amor y comunidad, la necesidad de sentir que crecemos y aprendemos, y la necesidad de saber que estamos contribuyendo a las vidas de los demás mientras recorremos nuestro propio camino. Otro de los apetitos humanos es la necesidad de ser valorados y comprendidos. Todos tenemos una profunda necesidad de ser escuchados y de saber que nuestras palabras han sido escuchadas por nuestros interlocutores. Cuando tú escuchas agresivamente, pones toda tu atención en las palabras que te ofrece la otra persona y escuchas con cariño e interés. Esto, a su vez, le transmite a tu interlocutor una señal muy poderosa de que lo respetas, valoras y te interesa lo que dice. La consecuencia directa es que aumenta la confianza dentro de la relación.

—Supongo que esto tiene que ver con aquello de que las personas no te echarán una mano hasta que logres tocar sus corazones. Escuchar agresivamente parece una muy buena manera de conectar de verdad con el corazón de alguien.

—Puedes estar segura de que es así, Catherine. Hay muy pocos regalos en este mundo tan preciosos como la capacidad de escuchar a fondo a la persona que está contigo de una manera que le demuestre que se le entiende del todo. Es uno de esos actos de humanidad que por lo visto no conseguimos llevar a la práctica salvo en contadas ocasiones. Gracias a la mayor comprensión que fomenta el saber escuchar, mejoraríamos el mundo. Comprender es la base del amor. Sin ir más lejos, observa cómo se comporta Porter. Aunque solo tiene seis años, sé muy bien que le encanta ver que le dedicas toda tu atención. Eso significa que cuando te habla del día que ha pasado en la escuela y las cosas que hizo con sus compañeros durante el recreo, tú estás presente en cuerpo y alma. Estás concentrada completamente en sus palabras aunque te sientas agotada o te estés enfrentando a una crisis en el trabajo. Sé que a veces puede resultar duro, pero cuanto más practiques el concentrarte en la conversación y dejar a un lado las distracciones, más fácil te resultará. El escuchar es un arte que se aprende y no un talento con el que se nace. Cuanto más lo haces, más lo dominarás.

—Tienes razón. A Porter se le ilumina la mirada cuando le hago preguntas sobre las cosas que le apasionan y luego escucho sus respuestas de una manera atenta y cariñosa. Sé que le hace sentir importante.

—Y comprendido —añadió Julian.

—Y comprendido —repetí—. ¿Algo más?

—Otro punto interesante, Catherine, y seré breve porque sé que ya te he dicho muchas cosas en las que pensar.

—Créeme, Julian, me encanta todo lo que me enseñas. No te cortes.

—Muy bien. El último elemento de la segunda destreza del líder de familia es ser fanáticamente sincero.

—¿Eso qué significa?

—Significa que por muy duro que resulte decir la verdad en una situación determinada y lo difícil que sea mostrar tus verdaderos pensamientos, debes ser sincera. Decir lo que quieres decir.

—¿Decir mi verdad? —repliqué, al recordar las palabras de Julian en una lección anterior.

—Oh, hermanita, eres tan buena alumna... Eso es. Ahora permíteme decirte que ser fanáticamente sincera no es ser tan brusca como para ofender e insultar a las personas. Ese no es mi mensaje. Ser fanáticamente sincero se relaciona con lo que te dije antes referente a ser meticulosa a dar tu palabra. No trates tus palabras a la ligera. Son poderosas. Cuando digas algo, asegúrate de que lo dices de verdad. Cuando discutes algo con Jon, por ejemplo, y tienes una opinión muy clara, dila. Olvídate de zalamerías y circunloquios, y di siempre la verdad en todas tus conversaciones.

—¿Cuál es el resultado de ser fanáticamente sincero? —pregunté.

—Un resultado impresionante —respondió Julian—. Como el efecto de mantener tus promesas y ser leal con tus compromisos. Aumenta la confianza que las personas tienen en ti. Saben que cuando dices algo, es la verdad. Ganas a sus ojos un respeto inmenso y creces en poder como ser humano cuando dices la verdad en todas las circunstancias. Las personas saben con toda claridad cuál es tu postura y que no hay doblez ninguna en ti. Desaparece todo lo superfluo que adorna nuestro carácter y nos mostramos desnudos en nuestra humanidad. Eso es algo poderoso, Catherine, realmente poderoso. Te conviertes en algo más que en un individuo. Subes al nivel de una fuerza de la naturaleza y creas una aureola a tu alrededor. Créeme, las personas percibirán esta fuerza que hay en ti.

—¿Los sabios tienen este poder?

—El suyo es francamente extraordinario —comentó Julian, con la mirada puesta en el cielo—. Es una de las cosas que más recuerdo de aquellos entrañables maestros. Todos eran profundos devotos de la verdad no solo en sus palabras, sino también en sus pensamientos. A mí siempre se me vienen a la memoria las palabras del gran filósofo romano Séneca, que escribió: «Gobernaré mi vida y mis pensamientos como si todo el mundo pudiese ver la primera y leer los segundos».

—¡Vaya frase! Se me ha puesto carne de gallina —afirmé.

—Son unas palabras muy fuertes, ¿verdad? —observó Julian—. Los sabios viven de acuerdo con esa filosofía. Son devotos de la verdad. Como consecuencia, ejercen en mí esta influencia casi mágica. Decir la verdad y ser fanáticamente sincera conducirá a una profunda mejora de tu vida familiar, Catherine.

—Supongo que también en mi vida laboral.

—Bien dicho. En una época en que las personas mienten a todas horas, convencidas de que eso las hará prosperar, tú destacarás muy por encima de la multitud como un faro de integridad. Créeme, hermanita, que la integridad y la sinceridad te darán una ventaja que no podrán igualar ninguna de las más adelantadas prácticas empresariales.

—Supongo que necesitamos demostrar nuestro liderazgo en todas las áreas de nuestras vidas. A mí me recuerda lo que dijo una vez Mahatma Gandhi: «Nadie puede hacer el bien en un apartado de su vida mientras está ocupado en hacer el mal en otro. La vida es un todo indivisible». Con las lecciones que me estás enseñando, comienzo a ver cómo todos los principios del liderazgo que los ejecutivos necesitan para levantar grandes empresas también son aplicables dentro del contexto del hogar y a la inversa. Sé que llevas diciéndome todo esto desde hace meses, pero ahora comienzo a verlo claro. Tienes mucha razón: el liderazgo no es dominio exclusivo del presidente ejecutivo. Practicar el liderazgo viéndome a mí misma como una promotora de la confianza y alguien que ayuda al desarrollo de las personas hará maravillas con todas mis relaciones, tanto en el trabajo como en el hogar.

—Lo has entendido a la perfección —afirmó Julian. Salió a la gran terraza que daba al lago. La luz del sol se reflejaba en las olas con tanta fuerza que deslumbraba. Julian metió la mano en el único bolsillo de la túnica, sacó las gafas de sol y se las puso. Le daban un aspecto muy gracioso.

—Vaya pinta, hermano —me burlé.

—Mis ojos no soportan el resplandor —contestó Julian—. Ahora que hablamos de ojos, hermanita, quiero compartir un poema contigo. —Volvió a meter la mano en el bolsillo y esta vez sacó una hoja de papel de color marfil que parecía muy delicada y antigua. Antes de leer el texto, me dijo: «Tú eres la autora de los días de tus hijos».

Me sentí muy sorprendida ante la afirmación de Julian. Aunque no la entendí del todo, era consciente de que tenía un significado especial y estaba cargada de sabiduría. Esperé en silencio a que fuera un poco más explícito.

—Las acciones que tomes y los hábitos que adoptes a medida que vives tus días influirán a Porter y Sarita para el resto de sus vidas. Tu conducta como madre definirá los días de tus hijos. Tu comportamiento tendrá una influencia permanente en todos y cada uno de los días de sus vidas. Todas las miradas están puestas en ti, Catherine. No lo olvides ni por un instante —añadió con un tono grave mientras me entregaba la hoja de papel que había guardado en el bolsillo como si fuera un tesoro enterrado.

El texto del poema era el siguiente:

Hay unos ojillos puestos en ti
que te observan día y noche.
Hay unas orejitas que no se pierden
ni una sola de las palabras que dices.
Hay unas manitas ansiosas
por hacer todo lo que tú haces.
Hay un niño que sueña
con el día en que será como tú.

Tú eres el ídolo de ese niño.
Tú eres el más sabio de los sabios.
En su mente jamás sospecha de ti.
Cree en ti a pies juntillas,

acepta todo lo que dices y haces:
dirá y hará a tu manera
cuando sea grande como tú.

Hay un niño con los ojos bien abiertos
que siempre cree que estás en lo cierto.
Sus ojos siempre están abiertos,
y te observa día y noche.
En lo que haces todos los días
le estás dando un ejemplo,
al niño que espera ser
algún día como tú.

ANÓNIMO

Las lágrimas rodaban por mis mejillas cuando acabé de leer el poema. Me sentía profundamente conmovida por lo que acababa de leer y por la profundidad de los sentimientos expresados en aquellas palabras. Julian tenía toda la razón del mundo cuando decía que «las palabras tienen poder» y yo tenía que escoger las mías con mucho cuidado. En aquel momento comencé a comprender que ser una líder dentro de mi familia y convertirme en una madre de primera era algo muy noble. Quizá tener el coraje de ser una madre de primera y una líder en mi familia era en realidad un acto heroico.

Todos los padres y las madres que se reservan un tiempo para leerle a sus hijos después de una larga jornada en la oficina y de ocuparse de las tareas domésticas son héroes a su manera. Todos las madres y padres solteros que asumen su puesto en circunstancias difíciles y transforman la adversidad en oportunidad al convertir sus hogares en lugares de aprendizaje, liderazgo y amor por el bien de sus hijos tienen que ser vistos como héroes. Todas aquellas personas que deciden conscientemente dar lo mejor que tienen como seres humanos a sus hijos, no importa lo duro que resulte para ellos hacerlo, tienen que ser honrados, respetados y quizá incluso reverenciados.

Cuando crecíamos, Julian me dijo una vez que yo tenía que hacer una elección fundamental en mi vida: podía maldecir la oscuridad o ser quien encendiera una vela. No hace mucho leí un cita del antiguo filósofo Platón que hablaba de este mismo sentimiento: «Podemos perdonar a un niño que tiene miedo de la oscuridad; la verdadera tragedia de la vida es cuando los adultos tienen miedo de la luz». Me di cuenta de que demostrar mi liderazgo en el hogar me convertía en una luz, quizá por primera vez en mi vida. Me convertía en una persona noble. Me hacía una gran persona. Me convertía en una heroína. En aquel momento, en aquella terraza bañada por la luz del sol que había sido testigo de tantos momentos familiares felices, me di cuenta de que criar a mis dos maravillosos hijos para que fueran adultos fuertes, honestos y cariñosos sería el mejor trabajo al que podía aspirar. Comprenderlo abrió mi corazón de una manera nueva.

Me volví hacia Julian para darle las gracias, pero había desaparecido. Estaba sola. Lo busqué en la sala y después en la cocina, pero no lo encontré. Volví a salir y caminé por el césped —todavía húmedo con el rocío de aquella espléndida mañana de primavera— sin encontrar el más mínimo rastro de mi hermano. Comencé a preocuparme. Entonces miré en dirección al lago y me quedé atónita por lo que vi. Allí, a medio camino de la boya que flotaba en el centro del lago, estaba Julian. Había dejado la túnica en la orilla y ahora nadaba a un ritmo frenético, de la misma manera que solía nadar cuando era un niño y veníamos aquí, acabada la escuela, para disfrutar del primer baño del verano. Agucé la mirada y vi la sonrisa de Julian. Cuando presté más atención, le escuché cantar. Era la canción que nos cantaba nuestra madre para arrullarnos cuando nos íbamos a dormir.

OCHO

La tercera destreza del líder familiar

Oriente a su hijo hacia la grandeza, no hacia la debilidad

> Muy lejos están mis más grandes aspiraciones iluminadas por el sol. Quizá nunca las alcance, pero puedo mirarlas, ver su belleza, creer en ellas e intentar seguirlas.
>
> LOUISA MAY ALCOTT

> El mayor peligro al que nos enfrentamos no es que nuestra meta sea demasiado elevada y no la alcancemos sino que nuestra meta sea demasiado baja y la alcancemos.
>
> MIGUEL ÁNGEL

La lluvia repiqueteaba en el techo de mi coche cuando entré en el aparcamiento subterráneo del Museo Nacional de Arte e Historia, lugar en el que Julian me había citado esta desapacible tarde. Habían pasado exactamente dos semanas desde la visita a la cabaña, y las lecciones que él había compartido conmigo ya habían producido algunos resultados notables en mi rol de madre y en mi comportamiento como persona. Se estaba produciendo una profunda reestructuración de mis procesos mentales a medida que las nuevas actitudes, opiniones y percepciones comenzaban a gobernar mis días. Cada vez me mostraba más positiva dentro de nuestro hogar y más feliz con la manera como se desarrollaban nuestras vidas.

Con el liderazgo que le mostraba a los chicos y el nuevo amor que le daba a Jon, nuestra vida familiar alcanzó una calidad casi espiritual que la llevó a una dimensión absolutamente nueva. Para mí esto era porque a medida que se profundizaban las relaciones humanas, las dotes personales que habían estado dormidas dentro de nosotros comenzaban a salir a la superficie. A medida que nuestro hogar se convertía en un lugar donde se honraban el respeto, la confianza y la verdad, cada uno de nosotros se sentía más libre de mostrar los sentimientos y los talentos que nos hacían especiales.

No hace mucho leí un estudio realizado por investigadores de la Universidad de Nebraska sobre las cosas que hacen felices a las familias. El estudio descubrió una serie de rasgos comunes. En primer lugar, las familias más felices habían asumido el compromiso de hacer que la vida familiar fuese su objetivo primario. Para utilizar las palabras de Julian, asumían que «el liderazgo en la vida comienza con el liderazgo en el hogar». En segundo lugar, los miembros de dichas familias mostraban abiertamente el afecto que sentían los unos por los otros. Una vez más, Julian había dado en el clavo con su consejo referente a los «momentos humanos» y la importancia de la compasión en el seno de la cultura familiar. En tercer lugar, los investigadores habían encontrado que las familias más felices compartían un sano respeto por la importancia de la comunicación constructiva. De la misma manera que me había aconsejado mi hermano, estas familias creían que escuchar y discutir con sinceridad todos los temas era algo esencial. Por último, también se había constatado que los miembros de estas familias pasaban mucho tiempo juntos. Tal como había manifestado Julian, no solo era importante el tiempo a la hora de tener una vida familiar gratificante, sino también la cantidad de tiempo que se destinaba a tal fin.

Otra conclusión importante del estudio era que la felicidad conyugal desempeñaba un papel fundamental en la felicidad de toda la familia. Cuando la relación de la pareja era amorosa y estaba basada en el respeto mutuo, la unidad familiar en su conjunto disfrutaba de una relación llena de amor, y cada uno de sus miembros mostraba un gran respeto por las necesidades de los demás. Cuando la pareja se llevaba bien, lo mismo ocurría con el grupo familiar.

Pero a medida que leía más sobre las familias felices, animada por la pasión que Julian me transmitía con sus lecciones, me di cuenta de que la estructura de las familias contemporáneas había sufrido unas transformaciones muy profundas. Vi que los padres y las madres sin pareja eran capaces de ser unos espléndidos progenitores y de criar a unos hijos maravillosos. Me enteré de madres solas que trabajaban durante todo el día y que, cuando regresaban a sus casas, creaban un entorno hogareño maravilloso para sus hijos a pesar de que apenas se aguantaban de pie. Descubrí que un número cada vez mayor de abuelos se estaban convirtiendo, por una multitud de razones, en los cuidadores de los nietos y que lo hacían extraordinariamente bien. Tuve la oportunidad de reanudar mi relación con una de mis antiguas compañeras de estudios, una mujer que acababa de pasar por un proceso de divorcio muy doloroso. Ahora era la única encargada de criar a sus tres hijos y, aunque tenía todas las horas ocupadas y debía atender a un sinfín de demandas, nunca en su vida se había sentido más recompensada.

A medida que aprendía y me volvía más consciente de la comunidad de seres humanos que llamamos familia, me di cuenta de que esta estaba pasando por los mismos impresionantes cambios que estaban experimentando el resto de organizaciones del planeta. El modelo tradicional de la pareja, según el cual el hombre trabaja fuera de la casa y la mujer se ocupa de las labores domésticas, había dejado de ser la norma. Cuanto más miraba y más se me abrían los ojos, más comencé a fijarme en el número en aumento de padres que, acompañados por sus hijos, hacían las compras en el supermercado. Tomé conciencia de otras mujeres ejecutivas quienes, como yo, habían decidido trasladar el despacho a sus casas, y padres atareadísimos que habían optado por tomarse unos años sabáticos para dedicarse a criar a sus hijos. Vi familias mixtas que eran la envidia de los vecinos, y familias intergeneracionales donde a la hora de comer se sentaban a la mesa los niños, los padres y los abuelos, en un ambiente lleno de alegría y amor. La gran noticia de nuestro tiempo no era solo la aparición de la nueva economía propulsada por las empresas tecnológicas y una nueva cultura empresarial. También debíamos tomar en cuenta el surgimiento de una nueva familia —con todos sus cambios y configuraciones no tradicionales— que, como pude apreciar, estaba modificando a marchas forzadas la cultura humana.

Mientras subía en el ascensor desde el aparcamiento al museo, mis pensamientos dieron un salto a la época de mis padres. Papá había sido un hombre con grandes dotes cuya ambición le había llevado hasta la cumbre de la administración de justicia y cuyo gran corazón lo había convertido en mi mayor ejemplo. Mi madre había sido una gran escritora que amaba el arte casi tanto como a sus hijos. Mientras crecía, siempre había tenido la sensación de que Julian era su preferido, pero en los últimos años antes de morir ella me había hecho saber que no había sido así. Nos había querido a ambos por igual y, aunque Julian casi nunca hablaba de ella, sabía que la echaba tanto de menos como yo. Alguien me dijo una vez que «tal como crías a tus hijos, también crías a tus generaciones». Había tenido la fortuna de contar con unos padres magníficos que, ahora me daba cuenta, habían demostrado un gran liderato en el hogar, dando a su generación un gran comienzo.

Se abrieron las puertas del ascensor, y entré en el vestíbulo principal del museo. Siempre me ha encantado venir a este lugar con sus extraordinarios Picassos y sus fantásticas esculturas. Ahora procuraba traer a Porter y Sarita todos los fines de semana que podía. Jon se reunía con nosotros después de ir al gimnasio, una nueva costumbre que había adoptado como una parte de nuestro plan general de disfrutar de una vida mejor y dar ejemplo a nuestros hijos. Consideraba que era importante inculcarles a los chicos el aprecio por el arte y hacer que tomaran contacto con todas las grandes creaciones de la humanidad que estuviera a mi alcance ofrecerles. Sabía que a la larga redundaría en su bien.

Julian me había pedido que me reuniera con él en la sala Miguel Ángel. Mi hermano había leído mucho sobre la vida del gran artista y lo respetaba por su compromiso con la excelencia que se reflejaba en sus obras. Entré en la sala, atenta a la presencia de un hombre alto y muy apuesto vestido con una deslumbrante túnica roja, pero no lo vi por ninguna parte. Las únicas personas presentes formaban parte de un pequeño grupo de turistas que recorrían el museo en compañía de un guía. Decidí sentarme en uno de los bancos y disfrutar de la serenidad del lugar mientras esperaba a mi hermano. Parte del proceso de simplificar mi vida implicaba romper el hábito de llenar cada segundo de mi vida con una actividad frenética. Había comenzado a sentirme a gusto con la nueva costumbre de tomarme unos minutos solo para mí misma y disfrutar de los momentos sencillos, pero hermosos, que nos ofrece la vida, como puede ser el brillo de una telaraña después de una tormenta o el titilar de las estrellas en una noche despejada. Algunas veces, Jon me animaba a que me tomara una hora libre y fuera a curiosear en la librería de libros usados que estaba cerca de casa o a dar un paseo por el parque que daba a la parte trasera de nuestro hogar.

Había aprendido a amar estos plácidos momentos de la vida casi tanto como amaba los momentos ruidosos y alegres con mi familia. Emerson dijo: «Sin un corazón rico, la riqueza es una desagradable pordiosera». En todos estos años en que había acumulado montañas de dinero, nunca había tenido un corazón rico. Ahora, con todo el trabajo interior que estaba llevando a cabo, por fin comenzaba a latir en mi pecho un corazón rico.

Comencé a prestar atención a las explicaciones del guía mientras contemplaba las esculturas expuestas en la sala. Me sorprendió la profundidad de sus conocimientos y su evidente pasión por las obras de los maestros que albergaba el museo. También me sorprendió un poco su vestimenta. Si bien llevaba el uniforme habitual de los guías: camisa blanca, pantalón y corbata negra, se cubría la cabeza con una gorra de esas que en las películas vemos que llevan los soldados de la legión francesa y que les ocultan buena parte del rostro. Yo había visto a los estudiantes universitarios llevar unas gorras parecidas en las playas de Florida para protegerse de una insolación mientras bebían una jarra tras otra de cerveza. Juzgué que no era algo muy habitual para un guía, pero no parecía que nadie más se diera cuenta de lo poco apropiada que era su indumentaria. Quizá los turistas opinaban que vestía correctamente y tenían la intención de comprar una gorra idéntica cuando acabaran la visita.

El guía continuó con su discurso, y los turistas continuaron escuchándole sin perderse palabra. Ninguno de ellos le formuló una pregunta. Entonces, cuando estaba en mitad de una frase, el guía hizo algo que me provocó una carcajada. Metió la mano en uno de los bolsillos del pantalón y sacó un perrito caliente gigante. Mientras masticaba, tuvo la audacia de continuar con la descripción de la obra de Miguel Ángel y de su impacto, sin preocuparse de la comida que se le caía de la boca.

Pero no acabó aquí la cosa. Sin parar mientes, una mujer mayor, que era una de las últimas del grupo, sacó un bote de mostaza de Dijon y una cuchara del bolso, y se acercó al guía. Sin mediar palabra, la mujer comenzó a untar generosamente de mostaza el perrito caliente. El guía no abrió la boca y ninguno de los demás integrantes del grupo pareció fijarse en lo que estaba sucediendo. En cuanto acabó con este servicio, la mujer volvió a su lugar y el guía continuó con su relato intercalado con los bocados de salchicha. Toda la escena resultaba francamente surrealista; parecía algo sacado de aquellas extrañas películas en blanco y negro que dan por la tele en plena madrugada cuando medio mundo está durmiendo. Pero me dije que lo mejor sería ocuparme de mis propios asuntos, y rogué que Julian apareciera cuanto antes.

—Todos los grandes escultores ven en su mente sus obras acabadas antes siquiera de empuñar el cincel —manifestó el guía, con los labios manchados de mostaza—. Verán, damas y caballeros, todas las cosas en la vida son creadas dos veces: primero cuando las soñamos y segundo cuando las creamos.

¡Eh!, ese tipo es muy bueno, pensé para mis adentros. No me extraña que el museo le permita vestirse de esa manera y hacer las cosas que hace.

—En vuestras propias vidas —añadió, mientras sacaba esta vez del bolsillo un *snack* y le daba un buen mordisco—, debéis crear una imagen atrayente con la imaginación y después vivir de acuerdo con ese ideal.

—¡Eh, espere un momento! —dije en voz alta, sin poder contenerme—. He escuchado antes esas mismas palabras y, ahora que lo pienso, creo que también he escuchado esa voz —añadí, mientras comenzaba a ordenar las piezas de este extraño rompecabezas—. Todo esto es demasiado estrafalario como para que sea real. Me pregunto si no será una broma, una de esas bromas infantiles ideadas por un hermano mayor que lleva gastándoles bromas pesadas a la gente desde que era un chiquillo.

En la sala reinó el silencio más absoluto. Los turistas parecían espantados. Por fin, uno de ellos habló. Era la mujer de la mostaza.

—Usted perdone, señora —dijo, con la mirada fija en mi rostro—, pero ¿de qué diablos habla?

—Todo esto es una broma, ¿no? —insistí—. Julian me citó aquí, y todos ustedes probablemente son personas amigas de él que se hacen pasar por turistas. Pues se acabó el juego. Lo he descubierto. En cualquier caso, buen trabajo, hubo un momento en que me tenían pillada. —Aplaudí como si felicitara a unos actores y puse mi mejor sonrisa.

El silencio reinó en la sala una vez más hasta que intervino el guía.

—Creo que llamaré a los guardias de seguridad. Quizá tengamos aquí un pequeño problema, damas y caballeros —comentó mientras se acercaba a un teléfono que había en la pared oculto por las esculturas.

Me dominó la duda y comencé a ponerme nerviosa. Quizá después de todo, esta no fuera una de las famosas bromas de Julian. «Dios mío, ¿qué pasará si estas personas son turistas de verdad y el guía también?», me pregunté. Noté el sudor en las axilas. Se me aceleró la respiración. Me pareció que la temperatura en la sala subía por momentos. Entonces, recuperé el control y tuve el coraje de escuchar la voz interior que me decía que Julian estaba mezclado de alguna manera en ese extraño espectáculo. Tenía que estar en lo cierto.

Me acerqué al guía con paso firme y, sin vacilar, le quité la gorra. El grupo me miró horrorizado. Me eché a reír: era Julian.

—Venga, hermanita, ¿es que un hombre ya no se puede comer un perrito caliente en paz? —protestó antes de desternillarse de risa. Los «turistas» también comenzaron a reírse a carcajadas.

—¡La engañamos, señor Mantle! —gritó la mujer de la mostaza—. ¡La engañamos!

Julian me estrechó entre sus brazos con la fuerza de un oso sin parar de reír.

—¡Durante unos minutos te lo creíste! —me susurró al oído, y después se dirigió a los integrantes del grupo con un tono que imitaba al de los actores dramáticos ingleses—. Damas y caballeros, os presento a mi hermanita, Catherine.

Todos aplaudieron a rabiar mientras se reían, evidentemente entusiasmados con el espectáculo que había montado mi hermano.

—Gracias por haberme echado una mano, chicos —dijo Julian, con un claro tono de afecto.

—¿Quiénes son todas estas personas? —le pregunté.

—Todas estas magníficas personas son actores. Pertenecen a la Fernbrook Society.

—¿Te refieres a la compañía de teatro que obtiene grandes premios todos los años?

—Sí, son fenomenales, ¿verdad? Les gané para ellos un caso muy importante cuando ejercía. Un estudio de Hollywood intentó robarles una de sus ideas para utilizarla en una de sus películas. Decidí cobrarme el favor esta tarde.

—Siempre a su servicio, señor Mantle —manifestó, con mucha gracia, la mujer de la mostaza, que evidentemente era la directora de la compañía.

Todos los actores estrecharon la mano de Julian y le palmearon en la espalda antes de marcharse. Era obvio que le profesaban un gran respeto. Al cabo de unos instantes, Julian y yo nos encontramos solos en la sala.

—Tengo que reconocerlo, Julian. Sigues siendo todo un actor.

—Gracias, Catherine —contestó Julian con una gran sonrisa—. Todos necesitamos soltarnos de vez en cuando.

—¡Eh! ¿Qué se ha hecho de tu túnica? Es la primera vez que te veo sin ella.

—Está en la lavandería —me informó Julian. Su rostro irradiaba energía.

—Bueno, ya está bien. ¿Por qué estamos aquí? —le pregunté dispuesta a entrar en materia—. Sé que no me has hecho venir solo para gastarme una broma pesada; tiene que haber algo más. Por cierto, por un momento has conseguido ponerme nerviosa. Me has gastado algunas bromas muy fuertes, pero esta ha sido una de las mejores.

—Sí, fue muy divertida, ¿verdad? —respondió Julian con

una risita—. Gracias por tener tan buen humor. Bueno, tienes razón, Catherine, hay otra lección que hoy quiero compartir contigo. Se trata de la tercera destreza del líder familiar y, desde luego, es una de las más importantes.

—¿De qué trata la tercera destreza? —pregunté, dominada por la curiosidad.

—La tercera destreza del líder familiar dice: Orienta a tu hijo hacia la grandeza, no hacia la debilidad.

—Vaya, eso suena muy prometedor.

—Es esencial para que tus hijos se conviertan en líderes y en unas personas de primera. La tercera destreza te permitirá conocer las fuerzas de Porter y Sarita, y enseñarles a desarrollarlas al máximo. Verás, Catherine, la mayoría de las personas pasan más tiempo preocupadas por las debilidades que en desarrollar sus fuerzas. La consecuencia es que muchísimas personas jamás conectan con la grandeza que tienen la obligación de descubrir.

—¿Todas las personas tienen el potencial de convertirse en grandes personajes?

—Todas —afirmó Julian con un tono rotundo—. Como te dije antes, todos estamos en este mundo por alguna razón especial. Todos tenemos algo exclusivo que aportar. Tu tarea como madre es cultivar las fuerzas y los talentos de tus hijos para que destaquen como personas y marquen la diferencia que están destinados a marcar.

—Sabes, Julian, lo que dices tiene mucho sentido. He descubierto que en la empresa, por ejemplo, he intentado hacerlo todo. He intentado ser una gran comunicadora y una administradora brillante. He querido ser una líder visionaria. Intenté ser la mejor en todo dentro de la compañía y el resultado fue que acabé siendo maestra de nada.

—Exactamente, es casi como si hubieras alcanzado el éxito a pesar de ti misma, Catherine. Pero la mayoría de las personas no son tan afortunadas. La mayoría de las personas intentan por todos los medios hacer muchas cosas y acaban sin saber hacer ninguna. La clave secreta es especializarse.

—¿Especializarse?

—Así es. Para convertirte en un líder eficaz y en la reina del escenario de la vida, no puedes ser generalista ni intentar serlo todo para todos. Todos los genios que han favorecido con su presencia al mundo antes que nosotros tienen una cosa en común: dedicaron sus vidas a desarrollar los dones que los hacían especiales. Fíjate en Einstein por ejemplo. Tuvo el sentido común de discernir que tenía una notable aptitud para la física, y luego dedicó el resto de su vida a perfeccionar esa capacidad. No se metió en el campo de la biología o la física. Se especializó en lo que era lo suyo. Gracias a que continuó haciendo aquello para lo cual estaba mejor dotado y a que dedicó años y años a esta maestría, llegó a un punto en que consiguió la grandeza como ser humano.

—¿Se te ocurren más ejemplos, Julian?

—Sé que te encantaba la música rock. Por lo tanto, te mencionaré al más brillante guitarrista de todos los tiempos: Jimi Hendrix. Jimi comprendió que tenía una capacidad extraordinaria para tocar la guitarra. Por lo tanto, lejos de pretender destacar como intérprete de trompeta o de batería, se dedicó en cuerpo y alma a su don. Durante el resto de su vida, no hizo más que desarrollar esta pasión. Al final, lo mismo que Einstein, llegó el momento en que obtuvo la grandeza.

—Perdona, pero ¿no has sido tú quien me ha estado enseñando desde el principio que lo más importante es un enfoque equilibrado de la vida? Me refiero a que tanto entusiasmo por desarrollar nuestros dones humanos me suena un tanto exagerado —pregunté algo preocupada porque quería interpretar correctamente el concepto que Julian pretendía transmitirme.

—Una excelente observación, Catherine. Tu inteligencia no deja de impresionarme, pero si me lo permites te haré una sugerencia.

—Faltaría más.

—Comienza a escuchar más a tu corazón. Verás, la mente solo piensa, pero el corazón siempre sabe.

—¿Qué significa eso?

—La mayoría de las personas pasan demasiado tiempo pensando y, en cambio, dedican muy poco a sentir. Hazme caso, comienza a prestar más atención a tu corazón. Comienza a conectar con la sabiduría interior que tiene. Cuando escuches a la vocecita que está muy dentro de ti, sabrás la manera correcta de vivir. Sí, muchos genios han vivido y viven de una manera que se puede calificar de extrema. Desde luego, creo que todos deberíamos buscar el equilibrio, el juego y la paz en la vida. Pero al final de cada día, todos tenemos un destino que nos ha sido fijado. Para Einstein y Hendrix, sus caminos requerían una profunda dedicación a sus dones personales. Para la mayoría de las personas, una sencilla dedicación al refinamiento de sus talentos las recompensará con el éxito que se merecen. Busca en lo más profundo de tu corazón para descubrir qué te pide tu camino que hagas.

—Yo ya sé lo que se me pide que haga, Julian. Estoy casi segura de que mi camino, al menos en el futuro previsible, me pide que me dedique en cuerpo y alma a ser una madre ejemplar para Porter y Sarita, y ayudarles a que se conviertan en adultos sabios, honrados, fuertes y triunfadores. Mi carrera sigue siendo importante para mí, pero he conseguido más en los últimos años que muchas personas en toda una vida, y doy las gracias por ello. Ahora creo que ha llegado el momento de convertir a mis hijos en mi ocupación principal.

—Sé que ese es el camino que debes seguir —manifestó Julian, y añadió con un tono misterioso—: Lo sé desde hace algún tiempo. Por eso mismo es que la tercera destreza del líder familiar es tan importante para ti. Debes orientar a Porter y Sarita hacia la búsqueda de la grandeza en sus vidas y no dejar que se consuman por sus debilidades. Uno de tus grandes deberes como líder familiar es guiar a tus hijos para que valoren sus vocaciones, aquello que los sabios llamaban las «fuerzas especiales» y los «verdaderos talentos» de una persona. Después debes estimularlos para que conviertan estas chispas en grandes hogueras que arderán vigorosamente para que todo el mundo las vea.

—Esperar que Porter y Sarita sean tan brillantes y famosos como Einstein, Jimi Hendrix o Miguel Ángel es poner una carga demasiado grande sobre sus hombros, ¿no te parece? Quiero decir que sería casi como condenarlos al fracaso. No creo que quiera someter a nadie a tanta presión.

—Creo que me has interpretado mal, Catherine —me reprochó Julian con mucho cariño—. No te digo que sea necesario que críes a tus hijos para que se conviertan en los mejores del mundo por lo que hagan o por su manera de vivir. Solo me refiero a que se deben sentir inspirados para ser lo mejor que puedan ser. Necesitas dirigirlos para que se den cuenta de sus verdaderos talentos personales y vivan la mejor vida posible. Si lo haces, habrás cumplido tu obligación como madre.

—¿Te lo enseñaron los sabios?

—Te aseguro, Catherine, que aquellas personas son unos pensadores increíbles y también unos seres humanos extraordinariamente avanzados. No creen que la verdadera recompensa en la vida llegue a través de meditar todo el día en la cumbre de una montaña. Si bien opinan, por supuesto, que todos deberíamos disponer diariamente de unos momentos para el silencio y la reflexión, los sabios de Sivana creen que el verdadero éxito llega a través de la liberación de nuestro potencial humano y desarrollar nuestros talentos para el mayor bien de todos. Creen que el propósito final de la vida es manifestar nuestros talentos de una manera que añada valor al mundo y lo convierta en un lugar mejor. Me trae a la memoria las palabras de Albert Schweitzer: «Dios quiere que estés en aquel punto de la vida en el que tus talentos respondan a las necesidades del universo».

—Estos sabios eran realmente extraordinarios —murmuré con mucho respeto.

—Lo eran, y, de acuerdo con sus enseñanzas, te recomiendo que consideres como máxima prioridad ayudar a Porter y Sarita a descubrir y después desarrollar sus «fuerzas especiales» para que un día alcancen la grandeza personal. Serán unas personas únicas y extraordinarias que destacarán por encima de la muchedumbre.

—¿No crees que todavía son demasiado jóvenes? —pregunté, siempre tan pragmática.

—En absoluto —me respondió Julian en el acto—. Descubrir las «fuerzas especiales» y los verdaderos talentos de los hijos es un trabajo que comienza en el momento que nacen. A menudo se tarda años en descubrir para lo que están dotados de verdad.

—De acuerdo, pero así y todo, no tengo muy claro cuál será el siguiente paso después de que Jon y yo descubramos las «fuerzas especiales» y los verdaderos talentos de los chicos —señalé.

—Después de descubrirlos, tendrás que procurar que los chicos tomen conciencia de sus dotes personales y así lleguen a comprender qué es aquello que los hace especiales como seres humanos. A partir de ese momento, tú y Jon tendréis que pasar a la etapa del desarrollo en la que los talentos de los niños comienzan a florecer y asoman a la luz del día. Ayudar a los niños a desarrollar sus «fuerzas especiales» y sus verdaderos talentos también puede incluir enviarlos a seminarios o alentarlos para que lean, algo imprescindible para que puedan mejorar dichas capacidades. Pero la verdadera clave de todo esto es orientarlos hacia sus dones lo más pronto y durante el máximo de tiempo posible.

—Así que eso es lo que hay en la raíz de la tercera destreza: Orienta a tu hijo hacia la grandeza, no hacia la debilidad. Es imperativo para nosotros como padres fomentar los mejores dones que poseen nuestros hijos.

—Efectivamente —contestó Julian muy satisfecho—. Por eso te pedí que vinieras hoy al museo, a la sala Miguel Ángel. He descubierto que era un hombre impresionante.

—¿No me dirás que los sabios te enseñaron todo lo que sabes de Miguel Ángel?

—No. En realidad, todo lo que sé sobre los extraordinarios talentos de este hombre lo aprendí a través de la lectura. Uno de sus principios organizativos de artista consistió en comprender que muchas de las más grandes obras maestras comenzaban por ser nada más que un bloque de mármol y que, gracias al tallar y al esculpir con mano firme y ojo atento, a través de la dedicación y la laboriosidad, la piedra podía ser transformada en algo bello de contemplar, en una auténtica obra de arte.

—Una verdadera maravilla para toda la humanidad —señalé.

—Así es. Miguel Ángel dijo una vez que: «Un bloque de mármol contiene todos los pensamientos que tiene un gran artista». Pero creo que la clave de su grandeza —añadió Julian—, fue su notable capacidad para realizar su visión. Era un hombre de acción. Se dio cuenta de que no bastaba con tener grandes sueños y pensamientos. El secreto para ser un maestro en la vida consiste en hacer todo lo necesario de forma que el sueño se convierta en realidad.

—Es como habías dicho antes: todo comienza con una visión, y luego le corresponde al que sueña convertirla en realidad.

—Efectivamente, Catherine. Tienes que aplicar este mismo pensamiento a tu labor de madre. Tus hijos son como bloques de mármol donde están el talento y las fuerzas especiales. Tú tienes que ser la gran artista, y darles forma, esculpirlos, por medio de tu liderazgo.

—De esa manera podrán llevar las vidas para las que están destinados.

—Correcto. Así podrán vivir la mejor de las vidas posibles.

—¿Cuáles son las herramientas y las estrategias que me tienes reservadas para hoy, hermano?

—Son cuatro. Los sabios las denominaban las cuatro disciplinas de la grandeza personal y, en términos sencillos, son las siguientes: usa tu imaginación todos los días, fíjate metas todas las semanas, camina todo lo que puedas con gigantes, y da con generosidad.

—Resultan algo intrigantes. ¿Solo los hijos de los sabios practicaban estas cuatro disciplinas?

—No, Catherine. Todos los miembros de la comunidad vivían de acuerdo con estas cuatro virtudes. Estaban convencidos de que si lo hacían continuarían evolucionando hasta llegar a un punto donde se conocerían a ellos mismos.

—No sé si te he entendido bien, Julian. ¿Me estás diciendo que estas personas tan sabias e ilustradas ni siquiera sabían quiénes eran? Estoy un poco confusa.

—La vida no es más que una búsqueda —contestó Julian, después de meditar unos momentos—. Las personas ilustradas saben que el propósito del juego es pasar tu vida intentando descubrir quién eres de verdad y cuál es tu meta principal en la vida. El objetivo es descubrir y luego manifestar tu ser esencial.

—¿O sea que el propósito en la vida es descubrir nuestras «fuerzas especiales» y verdaderos talentos? —pregunté muy interesada.

—Eso y mucho más. Descubrir los dones que te hacen único como ser humano es solo parte de una cadena. En última instancia, el juego de la vida es un juego interior. La gratificación más profunda en la vida no viene dada por la acumulación de objetos, sino por la actualización de nuestro ser. No se trata de acumular cosas bonitas, aunque no hay nada de malo en tenerlas. Pero las aspiraciones materiales no deben constituir el propósito principal que te mueva. Si fuese así, si sacrificaras el tiempo destinado a tu familia y a mejorarte a ti misma solo por el ansia de conseguir cosas, llegaría el día en que te encontrarías en un estado muy lastimoso. Verás, Catherine, a través de mis propias luchas y decepciones he llegado a comprender que la felicidad en la vida no viene de conseguir, sino de dar.

—¿Podrías ser un poco más explícito? En realidad, es un tema en el que reflexiono casi a diario. Me encantaría que me lo aclararas.

—Por supuesto. Lo que digo es que la verdadera alegría en la vida radica en pelar las capas de la cebolla.

—¿Qué? Te pedí que me aclararas un poco más el tema, no

que me hundieras todavía más en la oscuridad —protesté con una sonrisa.

—Los seres humanos son como las cebollas. En el centro está el ser más elevado, las personas que somos de verdad. Nuestra primera obligación como personas es hacer todo el trabajo interior necesario, quitar las capas, hasta descubrir nuestros seres esenciales, nuestro mejor ser. Tener el mejor coche, una magnífica casa y vestir prendas elegantes no tiene el menor sentido si todavía no tienes un atisbo de la persona que estás destinada a ser. Por lo tanto, deja de intentar conseguir más en la vida y dedícate a ser más por la vida. Allí es donde reside la felicidad duradera.

—Creía que habías dicho que el propósito fundamental en la vida es dar, marcar una diferencia en las vidas de los demás por medio de añadirles significado.

—Una excelente observación. Es obvio que has reflexionado mucho sobre todos estos temas. Me complace ver que mis esfuerzos se ven recompensados. Sí, Catherine, el propósito fundamental en la vida es hacer que este se convierta en un mundo mejor a través de las vidas que tocamos. El propósito de la vida es una vida de propósitos. Pero para estar en condiciones de aportar algo realmente valioso a las otras personas y contribuir al mundo con lo mejor que puedas, primero necesitas saber de verdad quién eres como ser humano. La mayoría de las personas no tiene ningún sentido de su ser esencial o de la estructura fundamental de su carácter. Nunca tienen tiempo para profundizar en el ADN de sus vidas y descubrir qué les impulsa. La mayoría de nosotros pasamos por la vida moviéndonos hacia allí donde sopla el viento. Nunca participamos de verdad en el juego. Pero las personas sabias, los auténticos líderes, se comportan de una manera muy diferente. Se toman tiempo para ellas mismas y las actividades involucradas en su trabajo interior. De esta manera, llegan a conocerse a ellas mismas.

—Es algo que han dicho todos los filósofos, ¿no es así? —le interrumpí—, con todas esas afirmaciones como «conócete a ti mismo» y «una vida no analizada no es digna de ser vivida»...

—Exactamente. Todos los grandes pensadores de este mundo han comprendido que debemos realizar el trabajo interior necesario para saber quiénes somos de verdad. Solo entonces podremos tener una vida magnífica. Ven, acompáñame. Hay algo más que quiero mostrarte en este museo.

Julian me cogió de la mano y me llevó apresuradamente a otra sala. El cartel en la entrada rezaba: COLECCIÓN T. S. ELIOT.

—En esta sala se guardan muchos de los originales de las obras más famosas de T. S. Eliot. Estuve aquí a primera hora de la mañana y aproveché para leer una de las páginas. ¡Una cita escrita de su propio puño y letra! Aquí está, léela —me pidió Julian entusiasmado, al tiempo que me señalaba la página amarillenta de un libro guardado en una urna de cristal. La cita decía lo siguiente:

> Nunca debemos dejar de explorar. El final de todas nuestras exploraciones será cuando lleguemos allí donde comenzamos y conozcamos el lugar por primera vez.

Me maravillé ante el poder de aquellas palabras. Por fin había entendido lo que Julian me había dicho. Se había hecho la luz. Nacemos en la perfección. Todo lo que necesitamos para vivir una vida gloriosa no está en el exterior, sino en el interior. Mi hermano intentaba decirme que cualquiera que gasta su vida en la obtención de cosas materiales como testimonio del éxito, por desgracia acabará estrellándose. Al final del camino no encontrará la felicidad, sino la miseria. Julian me aseguraba, con su inimitable estilo, que el camino a una vida extraordinaria consistía en explorarnos a nosotros mismos, en descubrir nuestras propias capacidades y en comprender quiénes éramos fundamentalmente como personas. Entonces, equipados con este conocimiento esencial, podíamos salir al mundo para realizar aquello para lo que estábamos preparados y hacer el bien que nos correspondía hacer. En aquel momento, un mecanismo interior se puso en marcha. Algo muy profundo dentro de mí había entrado en acción. Comprendí que para que mi vida cambiara de una manera fundamental, yo tenía que cambiar de una manera fundamental. Juré, en lo más profundo de mi corazón, que nunca más sacrificaría ni una sola hora de mi vida para conseguir los objetos que deseaba. Me prometí a mí misma que de ahora en adelante el objetivo de mi vida sería convertirme en la persona que era en mi interior.

—Ahora volvamos a las cuatro disciplinas de la grandeza personal —dijo mi hermano con su entusiasmo habitual.

—Que ayudarán a los chicos a vivir la mejor vida posible —señalé.

—Créeme, Catherine, si te digo que estas cuatro ideas también te ayudarán a ti. Claro que enseñárselas a Porter y Sarita causarán unos cambios muy profundos en su manera de comportarse y les permitirán convertirse en la clase de adultos que todos soñamos que sean nuestros hijos. Hablar de sueños me permite pasar con elegancia a la primera disciplina, usar la imaginación todos los días, que se trata de utilizar nuestra imaginación creativa para manifestar nuestros pensamientos en la realidad.

—A mí me suena como algo esotérico, Julian.

—En realidad, como gran parte de la filosofía que he compartido contigo, es inmensamente práctica. La disciplina de usar la imaginación todos los días se refiere al poder de la visualización y de cómo podemos mejorar nuestra manera de hacer las cosas a través de crear modelos imaginarios de cómo queríamos ser. Te sugiero que cuando dispongas de un poco de tiempo, leas un libro titulado *Peak Performance* de Charles Garfield, que explica cómo los atletas olímpicos aplican el proceso de la visualización para obtener ventajas a la hora de competir con las que nunca antes habían contado. Gracias al uso habitual de esta técnica, son capaces de aprovechar sus reservas ocultas y rendir al máximo nivel en su especialidad deportiva. No se me ocurre el nombre de ningún atleta de élite que no esté enterado y no emplee la visualización como parte de programa de entrenamiento. Al ver el resultado ideal con los ojos de la mente y ensayar este final una y otra vez, todo su cuerpo se prepara para repetir ese final durante la competición.

—Es sorprendente.

—De verdad que sí. Ahora a lo que vamos: si todos los atletas de élite utilizan la imaginación creativa para ayudarse a rendir al máximo, ¿por qué no compartimos esta poderosa técnica con nuestros hijos para que ellos puedan vivir al máximo de su potencial?

—Estoy de acuerdo. ¿Cómo puedo enseñarles a Porter y Sarita a que la usen, o son demasiado pequeños para empezar ahora mismo?

—Sé de niños de tres años que han sido entrenados con grandes resultados en el arte de la visualización. No te olvides de quiénes son los mejores soñadores del mundo.

—¿Los niños?

—Por supuesto. Mira cómo juegan los niños de tres y cuatro años. Se imaginan que están escalando el Everest o que caminan en la Luna. Interpretan lo que imaginan y no tienen ningún límite en lo que pueden hacer o ser. Enseñarles a los niños la visualización no es más que darles una estructura más formal a los sueños que tienen.

—Me parece algo muy sensato.

—Estaba seguro de que llegarías a esa conclusión. No olvides lo que dijo Aristóteles: «El alma nunca piensa sin una imagen mental».

—Fascinante.

—Esto es lo que te sugiero que hagas, Catherine. Todas o cada dos semanas, lleva a los niños a aquel parque tan grande que está en tu barrio y siéntate a la sombra de alguno de aquellos enormes robles. Pídeles que cierren los ojos y que respiren profundamente. Esto les ayudará a relajar sus mentes y a que se sientan más tranquilos de forma tal que las imágenes generadas puedan enraizarse con más fuerza.

—Muy bien. ¿Qué hago después?

—A continuación comenzad a imaginar que estáis viviendo con la nueva capacidad que deseáis tener. Te daré un ejemplo.

—Fantástico, creo que lo necesito...

—Digamos que tú quieres que los chicos tengan más coraje, que no tengan miedo. Una vez que estén relajados a la sombra de aquel árbol, pídeles que se imaginen a ellos mismos actuando de una manera valiente. Quizá podrías animarles a que imaginen que escalan una montaña muy alta o que piensen en una escena donde le plantan cara al matón de la clase. Sea la imagen que sea, lo importante es animarles a que comienzen a ejercitar la imaginación y reprogramen sus cerebros para que los miedos que los refrenan sean reemplazados por las fuerzas que los llevarán hacia delante.

—¿Podría utilizar el procedimiento de la imaginación creativa para ayudar a Porter a sobresalir en sus clases de piano?

—Por supuesto —respondió Julian. Me cogió de la cintura

mientras salíamos al vestíbulo principal del museo—. Cuando esté relajado, dile que se imagine a sí mismo sentado al piano en el salón. Consigue que crea de verdad que la escena ocurre. Cuanto más vivida sea la imagen que cree, más impresionantes serán los resultados. También es importante que aporte sus emociones a la imagen. Aquello que se emocionaliza se hace. Las emociones impulsan a la acción. Tiene que sentir de verdad que está tocando el piano y que lo hace todo lo bien que pudiera esperarse dentro de su capacidad. Consigue que sienta cómo sería interpretar de una manera impecable todas esas preciosas piezas que ensaya. Anímale a que imagine cómo se sentiría cuando tú, Jon y Sarita recompensarais su extraordinaria interpretación con grandes aplausos. Permite que se conecte con la felicidad que sentirá cuando su profesor lo alabe y felicite por la capacidad que está demostrando.

—¿Durante cuánto tiempo tendría que continuar con la visualización, Julian?

—Buena pregunta. Para los adultos, casi diría que cuanto más mejor. Pero dado que la mayoría de la gente lleva una vida muy ocupada, unos veinticinco minutos de visualización estará bien. En el caso de los niños, incluso cinco minutos serán de gran ayuda. Soy de la opinión de que lo importante es darles esta herramienta. Hacerles saber que hay una manera de eliminar sus debilidades, mejorar sus comportamientos, conquistar los miedos y convertirse en grandes personas. Hacerles comprender que mientras crecen cuentan con una herramienta que les ayudará a enfrentarse a las dificultades, actuar de una manera positiva ante lo negativo y experimentar alegría allí donde los demás padecen dolor. Luego será responsabilidad de ellos, mientras maduran, dominar la técnica y hacer que pase a formar parte de sus vidas.

—Creo que esta noche entraré en Internet y descargaré unos cuantos artículos sobre la visualización. Quiero aprender más sobre este proceso y compartir los beneficios que produce con mis chicos. Será una de mis metas de este mes.

—¡Qué bien! Una vez más me facilitas la entrada perfecta para la siguiente disciplina —afirmó Julian con un tono risueño—. El universo se ocupa de las cosas de una manera espléndida.

—¿De veras?

—Desde luego. La segunda disciplina de la grandeza personal es fijarse metas semanales. Tienes que propiciar en todo lo posible que tus hijos aprendan la importancia de fijarse metas. Definir las metas con absoluta claridad ofrece muchísimos beneficios. En primer lugar, fijarse metas nos devuelve la capacidad de centrarnos en nuestras vidas, unas vidas que se han vuelto demasiado complicadas debido al exceso de opciones. En esta época, hay demasiadas cosas para hacer en cualquier momento. Hay un exceso de distracciones que compiten por nuestra atención. Las metas aclaran nuestros deseos y nos ayudan a centrarnos solo en aquellas actividades que nos guiarán allí donde queremos ir. Recuerdo las palabras de uno de aquellos extraordinarios malabaristas que actuaban con el nombre de los Flying Karamazov Brothers que dijo: «No importa cómo llegues allí cuando no sabes adónde vas».

—Esa es muy buena —comenté sonriente.

—Fijar unas metas claramente definidas te facilitará un marco de referencia para hacer elecciones más sabias. Si sabes exactamente dónde vas, te resultará muchísimo más fácil seleccionar aquellas actividades que te llevarán allí. La alternativa es dejar que la vida actúe por libre y te dé una existencia que tú simple y llanamente no quieres. «Si no consigues lo que quieres», observó George Bernard Shaw, «entonces te verás forzado a que te guste lo que consigues». Poner por escrito tus metas aclarará tus intenciones y, como tú bien sabes por tus éxitos con BraveLife.com, el primer paso para realizar tu visión es definirla. En esencia, fijarte metas significa que tus días serán gobernados por la misión de tu vida y no por tus humores.

—Impecablemente expresado, Julian —afirmé.

—Otra razón por la que establecer metas es tan importante es que te mantiene alerta a las nuevas oportunidades. La costumbre de establecer y después hacer un revisión de tus metas personales, profesionales, sociales y espirituales cada semana, una tarea que es ideal realizar los domingos por la noche, predispondrá a tu mente a buscar las oportunidades para satisfacerlas. A través de la experiencia personal he descubierto que al establecer mis metas, me había comprometido con una acción muy específica. Así resulta mucho más fácil conectar con el fuego interior que tenemos todos y valernos de la fuente de motivación que llevamos dentro. Cuando me fijo unas metas, mi vida se llena con la promesa de una existencia más rica. No importa lo mala que sea la vida de una persona en un determinado momento ni lo triste y desilusionado que se pueda sentir ahora mismo, siempre podrá levantar el ánimo y sentirse mucho mejor con un acto tan sencillo como coger una hoja de papel y escribir sus sueños. Creo que fijarse unas metas dignas es lo que lleva a despertar la pasión que duerme en nuestro interior.

—¿Lo crees de verdad?

—A pies juntillas. Fijarse unas metas elevadas y atractivas despierta la pasión dentro de nosotros, una pasión que la mayoría de nosotros hemos reprimido a medida que nos hacíamos mayores y nos volvíamos más cínicos ante el mundo. El establecimiento de metas nos conecta una vez más con el sentido de poder ilimitado que teníamos de niños, y nos recuerda que realmente podemos tener prácticamente todo lo que deseamos en la vida si el compromiso con nuestros objetivos es sincero y profundo. Tal como dijo Sheila Graham: «Puedes tener casi todo lo que deseas si lo deseas con desesperación. Debes desearlo con una pasión que atraviese la piel y se una con la energía que ha creado el mundo».

—Es una cita preciosa, Julian. Me encantaría conectarme con la energía que ha creado este mundo.

—Confía en mí, hermanita, eso es exactamente para lo que estás preparándote ahora —respondió Julian, con un tono místico—. Por cierto, otro punto clave respecto al establecimiento de metas es asegurarte de que nunca abandonas una meta sin haber realizado alguna acción que te ayude a conseguirla.

—Un punto excelente —manifesté con aprecio—. Esa es una de las reglas que tenemos en BraveLife.com. Si alguien se presenta con una idea nueva o una innovación importante, tiene que hacer algo para llevar la idea a la práctica. No basta con comunicarla. El empleado tiene que actuar en consecuencia. Eso puede consistir en hacer una llamada telefónica, estudiar la viabilidad de la nueva idea, escribir un breve resumen de la propuesta y presentármela o quizá incluso presentársela al resto del equipo. En cualquier caso, la clave es poner la idea en marcha. Conseguir darle un impulso. De lo contrario, todos sabemos que algo acabará interponiéndose y la idea morirá de muerte súbita.

—Estoy totalmente de acuerdo contigo, Catherine. A todas las personas en este mundo se les ocurren ideas que tienen el potencial de revolucionar nuestras vidas. Algunos deciden llevarlas a la práctica y, por consiguiente, se forjan grandes vidas. Otras prefieren guardárselas y se resignan a lo vulgar.

—Hablas de manera que parece como si el establecimiento de metas fuese un proceso mágico, Julian.

—Como licenciado en derecho por la Universidad de Harvard, nunca me ha gustado emplear la palabra «magia». Pero he aprendido a través de mi propia experiencia que el establecimiento de metas obra maravillas. No tiene ningún sentido no convertirse en un experto en este proceso y enseñárselo a tus hijos. Por supuesto, quizá todavía son demasiado jóvenes para poner ante sí metas profesionales y cosas por el estilo. Pero el secreto está en ponerles en contacto con el proceso y dejar que comprueben por ellos mismos lo bien que funciona. Es una parte de tu obligación de madre permitir que salga a la luz la «grandeza» de tus hijos.

—¿La grandeza de mis hijos? —repetí asombrada por el poder de esta nueva frase.

—Así es. Otra de tus principales obligaciones de madre es asegurarte de que tus hijos no caigan en la trampa en la que caen prácticamente todos los adultos de este mundo.

—¿Cuál es? —quise saber dominada completamente por la curiosidad.

—La mayoría de nosotros vivimos vidas pequeñas. Pensamos en pequeño. Actuamos y jugamos a lo pequeño.

—¿Los adultos juegan a lo pequeño?

—Es lo que hacemos. No nos movemos por la delgada rama de la vida, asumiendo grandes riesgos. Todos los días pensamos los mismos pensamientos, hacemos las mismas cosas y actuamos de la misma manera. Vivimos nuestras vidas en una ilusoria zona de seguridad, convencidos de que es el lugar más firme sobre el que podemos pisar.

—Cuando en realidad es el lugar menos seguro —le interrumpí, orgullosa de las lecciones que había aprendido gracias a mi hermano.

—Exactamente. La vida se vive de verdad cuando entras en la zona de lo desconocido. Solo vivimos plenamente en aquellos momentos en que estamos esforzándonos más allá de nuestros límites normales e intentamos de alguna manera alcanzar las estrellas. Jugar a lo pequeño es el camino que conduce a una vida mediocre. Permitir que brille nuestra grandeza es el camino a la sabiduría.

—¿Asumir riesgos es la manera de vivir a lo grande?

—Sí, Catherine, siempre y cuando sean unos riesgos sensatos y calculados. Nadie sugiere que le enseñes a tus hijos a hacer tonterías. Lo importante es que les ayudes a comprender el hecho fundamental de que necesitan estar dispuestos a atreverse con una mayor frecuencia. Deben escuchar la llamada de sus corazones. Si se les ocurre una gran idea que les ayudará a mejorar una de las áreas principales de sus vidas, deben tener el coraje de llevarla a la práctica. Recuérdalo, ser un gran líder en la vida significa estar dispuesto a actuar.

—Por lo tanto, debo enseñarles a que corran riesgos razonables y bien calculados, y que se atrevan a lanzarse más a menudo, ¿correcto?

—Sí, y ahora volvamos a la segunda disciplina de la grandeza personal: asegúrate de que desarrollen la costumbre de fijarse metas todas las semanas, aunque solo sean una o dos relacionadas con lo que deseen ver manifestado en sus vidas durante la próxima semana. Una sugerencia muy específica para ti y los chicos es que trabajes con ellos en la creación de un libro de sueños.

—¿Qué es un libro de sueños? —pregunté perpleja.

—Es un cuaderno en blanco que cada uno se ocupará de llenar con sus metas. Piensa en él como un recipiente donde tú y los chicos podréis guardar vuestros deseos. Podréis enumerar todos y cada uno de vuestros sueños y metas, y dejar un registro de vuestras aspiraciones más ambiciosas. Podréis pegarle fotos de vuestros héroes, las cosas que queréis y los lugares que deseáis visitar. Podréis anotar las grandes citas y las palabras que os inspiran. Es una excelente manera de conseguir que tus hijos establezcan metas y, lo que es más importante, que corran a conseguirlas.

—¡Me encanta la idea, Julian! Es realmente genial. Ya me siento motivada.

—Ven conmigo, hermanita —replicó mi hermano. Me cogió de la mano y me llevó hacia una pequeña sala que nunca había visto antes en mis visitas. El nombre de la sala aparecía escrito en letras de bronce sobre la entrada: GALERÍA DE LOS GRANDES.

—Nunca había estado aquí antes —comenté mientras pasábamos por delante de una serie de retratos muy bellos y realistas de muchos de los grandes hombres y mujeres de la historia.

—Es una sala que inauguraron hace muy poco. Yo mismo la acabo de descubrir. Puedo pasarme horas aquí dentro, sin hacer otra cosa que sentir la energía de todos estos grandes seres humanos y reflexionar sobre la manera como dirigieron sus vidas. Siempre salgo inspirado y más comprometido con el camino que sigo.

—¿Venir aquí tiene algo que ver con la tercera disciplina de la grandeza personal?

—Ya lo puedes decir —contestó Julian al tiempo que hacía un giro rápido y daba puñetazos en el aire—. ¡Oh, me encanta esta disciplina! —gritó.

—De acuerdo, de acuerdo. Vamos a escuchar de qué se trata.

—La tercera disciplina de la grandeza personal, una disciplina que desde luego tendrá un impacto muy poderoso en las vidas de Porter y Sarita, es «camina todo lo que puedas con los gigantes».

—Ahora sí que necesito una aclaración del significado —comenté intrigada mientras me cruzaba de brazos y me sentaba en el único banco que había en el centro de la sala.

—Caminar con los gigantes equivale a decir pasar tiempo con los grandes personajes de la historia. Permitir que las personas más extraordinarias de este mundo se conviertan en maestros de tu mente. ¿Te gustaría pasar esta noche unos momentos con la madre Teresa? —me preguntó Julian con una sonrisa.

—Por supuesto.

—¿Qué te parece charlar un rato con Nelson Mandela o meditar con Gandhi?

—Cuenta conmigo —respondí, aunque no tenía muy clara cuál era su intención con todas estas preguntas.

—Verás, un gran regalo de la era del conocimiento en la que vivimos es que tú, yo y cualquiera, tenemos el privilegio de disfrutar de la compañía, todos los días si queremos, de los grandes pensadores de este mundo. Con algo tan sencillo como la tarjeta de socio de una biblioteca, puedes poner a tus hijos en contacto con los pensamientos más íntimos de Mahatma Gandhi. No necesitas más que una conexión a Internet para entrar en lo más profundo de las mentes de Helen Keller, Confucio, Benjamin Franklin o Albert Schweitzer. Podrás saber qué hacía llorar y reír a estos líderes. Podrás descubrir cómo se enfrentaban a la adversidad. Podrás aprender los principios que gobernaban sus vidas. Para mí es algo sorprendente. Podemos hacernos amigos de las personas más extraordinarias del mundo, en el momento que queramos, a través de los libros, las grabaciones, los vídeos y otros instrumentos didácticos. Aquí reside la verdadera clave, Catherine. Si pasas tiempo con los seres humanos más sabios de la historia, es imposible no ser una mejor persona después de una experiencia tan fundamental. A mí me recuerda las palabras de la escritora Dorothea Brande cuando comentó: «Encontré la idea que me hizo libre. No la buscaba conscientemente. Estaba buscando documentación para otra cosa diferente. Pero encontré una frase en el libro que estaba leyendo que era tan iluminadora que dejé el libro a un lado para examinar todas las ideas que me sugería la misma. Cuando volví a coger el libro, era una persona distinta». Familiarizarse con las grandes mentes es una de las mejores maneras de mejorar la calidad de tu propia mente. Es como cuando juegas al tenis con alguien que es mejor que tú.

—Siempre juegas muy por encima de tu nivel —afirmé, después de haber pasado por la experiencia en más ocasiones de las que me gustaría recordar.

—Así es. Por lo tanto, cuando lees un libro escrito por alguno de los grandes filósofos, científicos y guías espirituales de una manera habitual, tu manera de pensar y actuar mejora notablemente. Subirás a su nivel. Te verás a ti misma pensando de una manera como nunca habías pensado antes y te comportarás de una manera tan positiva que puede llegar a sorprenderte. Así que busca un momento todas las semanas para poner a Porter y Sarita en contacto con las obras y los pensamientos de los grandes entre nosotros, los hombres y las mujeres que han realizado importantes contribuciones a nuestra civilización. Haz que conozcan a los genios de nuestro pasado y a los líderes de nuestro futuro. Cuando los lleves a practicar deporte o a las clases de ballet, pon discos compactos con las biografías de Einstein, Mozart o Thomas Edison. Puedes estar segura de que su influencia moldeará sus caracteres e inspirará a tus dos maravillosos hijos a ser más de lo que podrían ser de otra manera. Como escribió Thomas Bailey Aldrich: «Una persona es conocida por las compañías que tiene su mente».

—Gandhi dijo una vez: «No dejaré que nadie camine por mi mente con los pies sucios» —añadí, al recordar la frase de la autobiografía del gran líder que había leído no hacía mucho.

—Encantador, Catherine. Está muy claro que él comprendía que aquello que pones en tu mente moldeará el curso de tu vida. Encontré a mis compañeros en los «libros de los grandes» que leí. Verás, hermanita, para mí los grandes libros representan la esperanza. Simbolizan la promesa de una vida mejor. Me ayudan a imaginar un mundo más sabio y mejor. Este es el motivo por el que los libros, y el hábito de la lectura, sean una de las cosas más importantes de la vida.

—Dado que Porter y Sarita todavía son muy jóvenes, quizá podría comenzar a coleccionar los grandes libros que mencionas. Todavía tengo que hacer unos cuantos viajes por motivos de trabajo, y a menudo tengo que pasar unas cuantas horas muertas en el aeropuerto donde siempre hay unas librerías excelentes.

—Por supuesto —exclamó Julian—. Las personas más destacadas viajan muy a menudo, y todas ellas son grandes lectoras. Los libreros se han dado cuenta y por eso siempre ofrecen las mejores selecciones en esas librerías.

—También podría ir a algunas de las librerías más importantes y buscar algunos libros sorprendentes que puedan inspirar e influenciar a los chicos en su desarrollo.

—Me parece una idea estupenda, Catherine —afirmó Julian—. En las estanterías encontrarás verdaderas joyas de sabiduría sobre cómo criar a los hijos de manera que sean fuertes de mente, cuerpo y carácter. Descubrirás libros que te ayudarán a equilibrar la carrera laboral con la familiar. Encontrarás libros que te inspirarán a dar lo mejor de ti, y otros que te alumbrarán el camino que estás destinada a seguir. No importa la pregunta que puedas tener, siempre encontrarás un libro que te dará todas las respuestas. Lo único que hace falta es la iniciativa para encontrar los libros adecuados y después la disciplina de leerlos.

—Ahora, Julian, que mencionas la disciplina, ¿cuál es tu opinión sobre la manera de disciplinar a los niños? Siempre ha sido un desafío en mi vida familiar aunque nunca he tenido ningún problema a la hora de imponer disciplina entre los empleados de BraveLife.com. Encuentro que cuando se trata de mis hijos, siempre me resulta difícil decir que no.

—La esencia de una buena paternidad, cuando se trata de la disciplina, es siempre seguir el camino correcto en lugar de ir por lo fácil. Haz siempre lo que te dicte tu corazón y tu conciencia que es lo correcto; básate en tu moral y valores, en vez de en lo que resulte más fácil en un momento dado.

—Volvemos a aquel punto que habías mencionado antes. El liderazgo consiste en hacer lo correcto.

—Sí, y también debes recordar que la disciplina es un regalo.

—¿Qué quieres decir con eso?

—Muchos padres creen que atender siempre las peticiones de sus hijos y nunca decir que no les demuestra lo mucho que los quieren. Pero se olvidan de que los niños necesitan unos límites bien definidos. Anhelan normas que den estructura a sus vidas. Aunque quizá no te lo digan, cuando los padres imponen unos límites y vigilan que las normas familiares se cumplan, estos límites hacen que los niños se sientan amados. Recurrir de manera razonable a la disciplina también contribuye a formar el carácter de tus hijos, dado que se les facilita una idea verdadera de lo que es bueno y malo en todas las circunstancias.

—Eso es muy cierto, Julian. A pesar de que nunca me agradó la manera en que mamá y papá nos mantenían a raya, dentro de mí sabía que era una muestra de su amor por nosotros. Creo que les he dejado salirse con la suya durante demasiado tiempo. Quizá sea hora de que me muestre un poco más estricta.

—Tampoco te excedas, Catherine. La cuestión es buscar el equilibrio entre la importancia de la disciplina con la importancia de dejar que los niños sean niños. También recuerda que cuando llega el momento de imponer un castigo, siempre debes corregir la conducta más que al niño.

—Sé un poco más explícito, por favor.

—También es importante no perjudicar la autoestima de los niños. Cuando hacen algo malo, asegúrate de decirle que fue su comportamiento lo que estuvo mal, no ellos. Es primordial para ti darles un amor incondicional y hacerles saber que los adoras no importa lo que hagan. Dicho esto, hay ciertas normas y límites que deben ser impuestos. Tus hijos deben saber que cada vez que traspasan estos límites, serán disciplinados.

—Eso tiene mucho sentido, Julian. Es verdad que la autoestima de los niños es frágil. Las palabras que escuchan cuando son pequeños se quedarán grabadas en sus mentes durante muchos años.

—Muy cierto. También te sugiero que nunca castigues a tus hijos cuando estés enojada.

—¿Sí? —pregunté, muy sorprendida por el consejo.

—Sí, el verdadero propósito de la disciplina es ayudar al niño a canalizar sus energías de una manera apropiada. Nunca debe servir como una válvula de escape a las frustraciones de los padres. Jamás la utilices como una manera de descargar tu estrés ni para sentirte mejor cuando estás furiosa con tu hijo por algo que ha hecho mal. Resérvala como una herramienta destinada a desarrollar el carácter de tus hijos. Solo entonces tendrá el efecto que esperas que tenga.

»La última disciplina, la cuarta disciplina de la grandeza personal, es la de dar con generosidad. Aquí lo importante es enseñarle a tus hijos lo maravilloso que es dar con la mano y el corazón abierto. Recuerda que *la mano que da es la mano que recoge y que dar es la manera de comenzar a recibir*. Aquel que más da, más gana. Esta es una de las eternas leyes de la humanidad que todos olvidamos con demasiada frecuencia. Enséñale a Porter y Sarita la importancia de permanecer centrados en ayudar a los demás y en apreciar a las personas por el valor que añaden al mundo. Convierte en una práctica habitual alabar a quien se lo merece. Cuando vayas con tus hijos a visitar la casa de uno de tus amigos, lleva siempre un regalo para que los chicos se hagan al hábito. No tiene por qué ser algo importante. Lo que cuenta de verdad es la intención. Puede tratarse de algo tan sencillo como una flor de tu jardín o una tarjeta hecha por los niños. Puede ser un abrazo cariñoso o una gran sonrisa. Ellos no tardarán en aprender la disciplina de dar y se darán cuenta de lo hermoso que es compartir con los demás. Entrarán en contacto con la parte más noble de ellos mismos y creerán a pasos agigantados en el proceso. Una vez que hayan descubierto el poder de ser generoso y dar a diario, habrán aprendido una de las lecciones más significativas de la vida.

—Gracias, hermano —dije con la más sentida convicción—. Te quiero.

—Yo también te quiero, Catherine. ¡Ah!, antes de que me olvide, tengo un regalo para ti. —Julian metió la mano en uno de los bolsillos del pantalón y sacó una servilleta de papel arrugada con manchas de mostaza—. Sé que no parece gran cosa, pero las palabras que he escrito en esta servilleta valen su peso en oro. Te sugiero que las hagas grabar en una placa y la pongas en un lugar de la casa donde todo el mundo pueda leerlas.

¿Te importa si las leo para ti? —añadió con un tono muy emotivo y lágrimas en los ojos.

—Por favor, léemelas —respondí muy suavemente.

—No sé por qué estas palabras resuenan en mí con tanta fuerza. Las siento muy dentro en mi interior y me ofrecen una guía muy importante. Supongo que es porque captan la esencia de la vida con la que sueño y se dirigen a la persona que deseo ser.

Julian leyó las palabras, una cita de William Penn:

> Espero pasar por la vida solo una vez. Si, por lo tanto, puedo demostrar algo de bondad o hacer el bien que sea por cualquier otro ser humano, permitidme que lo haga ahora, y no que lo postergue o lo olvide porque no volveré a pasar por aquí otra vez.

En el momento en que Julian y yo salíamos del museo cogidos del brazo comenzaba a llover muy suavemente.

—En la India, creen que la llovizna es el augurio de las cosas buenas que vendrán —comentó Julian en una voz tan baja que apenas si lo escuché. Luego miró los nubarrones mientras la lluvia empapaba su rostro. Con los ojos cerrados y una sonrisa enorme, mi hermano permaneció en silencio durante unos momentos, y después gritó tan fuerte que los transeúntes se detuvieron sorprendidos—: ¡Es un momento grandioso para estar vivo!

Con la mente a rebosar de las fantásticas lecciones sobre el liderato que me había dado mi hermano y el corazón más abierto que nunca, no pude menos que asentir.

NUEVE

La cuarta destreza del líder familiar

Para ser un padre excelente, conviértase en una excelente persona

> La vida es como una obra de teatro: no es la duración sino la excelencia de los actores lo que importa.
>
> SÉNECA

> Los únicos demonios en este mundo son los que corren por nuestros propios corazones. Es allí donde se tiene que librar la batalla.
>
> MAHATMA GANDHI

Se trataba de un mensaje francamente extraño. La señorita Williamson, mi excéntrica vecina —la que vivía con catorce gatos y de la que yo, en tono jocoso, había sugerido que se había sentido flechada por Julian— me había dejado un mensaje en el contestador automático en el que me pedía que me presentara en el huerto que tenía detrás de la casa. Todavía era más extraño que hubiese fijado la hora del encuentro para las cinco de la mañana. «Confía en mí, Catherine —había murmurado con su voz aguda— hay un regalo que te espera al lado mismo del tomatal.»

Antes de seguir adelante, debo decir que tratar a la señorita Williamson de excéntrica no le hace ninguna justicia. Era una persona que siempre me había parecido muy agradable, y no alcanzaba a entender por qué vivía de aquella manera. Era una buena vecina y siempre me sonreía muy amablemente cuando nos cruzábamos en la calle, así que la llamé para decirle que estaría encantada de presentarme en el huerto a la hora señalada.

A la mañana siguiente me levanté con el alba y, después de asearme y despedirme con un beso de Jon y los chicos, que aún dormían, salí sin hacer ruido por la puerta lateral y crucé la calle. Mientras cruzaba el césped de la señorita Williamson, tres gatos aparecieron bruscamente de detrás de un arbusto y me pegaron un susto de muerte. Durante unos segundos permanecí inmóvil, sorprendida, con el corazón en la boca. Recuperé el control sin demora y caminé cautelosamente alrededor de la casa hasta el patio trasero. Después entré en el huerto al que la anciana dedicaba una gran cantidad de horas todos los días. Me encontré allí con un espectáculo que me dejó atónita.

Al lado mismo del tomatal había un espantapájaros imponente que parecía tener más de un metro ochenta de altura. Estaba cubierto con una tela con puntilla que seguramente la señorita Williamson había comprado en alguno de los mercadillos organizados por los vecinos, y se aguantaba en una de esas curiosas posturas yoga que adoptaban los yoguis en los documentales que solía ver con Jon y los chicos en el canal Discovery. También era inexplicable la gran pancarta que iba desde el cuerpo del espantapájaros a la galería trasera de la casa. En la pancarta habían escrito una cita de Mark Twain con unas brillantes letras rojas que resaltaban sobre el fondo de plástico iluminado por los primeros rayos del sol. El texto de la cita era el siguiente:

> Si todos estuviesen satisfechos consigo mismos, no habría héroes.

Además se oía música que rompía la tranquilidad del amanecer, una música muy fuerte que procedía de un altavoz que alguien había colocado estratégicamente en una mesa cercana. La canción era inconfundible. Se trataba de «What a Wonderful World» interpretada por el gran Louis Armstrong. Permanecí quieta como una estatua sin hacer otra cosa que disfrutar de la energía positiva que emanaba de este extraordinario espectáculo. No tenía ni la más remota idea de lo que estaba pasando. No tenía idea de por qué me habían citado allí, y para ser del todo sincera, tampoco me importaba. Algo milagroso había estado creciendo en mi vida desde el regreso de Julian, y era inmensamente feliz al percibir que era así todos los días. Esta no era más que otra experiencia; sería una magnífica historia para contarles a mis nietos.

—¿Señorita Williamson? ¿Está usted aquí? —grité, dispuesta a conseguir que mi voz se escuchara por encima de la canción de Louis. Al no recibir respuesta, lo intenté otra vez—: ¡Hola! ¿Señorita Williamson, está usted aquí?

Una vez más, ninguna respuesta. Solo la voz de Armstrong que concluía la canción con las palabras: «Y me digo a mí mismo... ¡qué mundo tan maravilloso!».

Por fin reinó el silencio en el huerto, y caminé hacia el tomatal con el espantapájaros ataviado de aquella ridícula guisa. Cuando menos me lo esperaba, una voz muy sonora y profunda cantó: «Y me digo a mí misma, este es un mundo maravilloso». Miré a uno y otro lado, pero no vi a nadie cerca. Mientras continuaba caminando por el sendero del huerto, volví a escuchar la voz, aunque esta vez lo único que dijo fue: «¡Un mundo maravilloso!». El sonido parecía provenir de algún lugar cercano al espantapájaros o del propio tomatal. Quizá esto tenga algo que ver con el regalo que mencionó la señorita Williamson en su mensaje, pensé.

Cuando ya estaba más cerca, la palabra «maravilloso» pareció salir directamente de los labios del espantapájaros, unos labios que estaban parcialmente cubiertos por la tela negra que tapaba el resto del rostro y la cabeza. Esta broma tenía todo el aspecto de haber sigo preparada por Julian, pero sabía que no podía ser porque se había marchado a Connecticut para participar, en una especie de retiro de un seminario de desarrollo personal durante una semana.

«Necesito ahondar mucho más dentro de mí», nos había dicho cuando nos despedimos de él en el aeropuerto.

En el momento en que llegaba junto al espantapájaros, en el altavoz resonaron las palabras de la cita: «Si todos estuviesen satisfechos consigo mismos, no habría héroes». Me asusté un poco. ¿Quién estaba detrás de este montaje y por qué pretendían involucrarme?

De pronto el espantapájaros comenzó a moverse. Primero poco a poco, luego comenzó a agitar los brazos y las piernas cada vez más rápido. Muy pronto daba vueltas por el tomatal como un derviche enloquecido. El espantapájaros acabó su baile cuando se desplomó al suelo como consecuencia del mareo. Entonces comenzó a reír con unas carcajadas incontenibles.

No había ninguna duda de que se trataba de una persona disfrazada, y me resultaba obvio que debía tratarse de un hombre al que yo conocía. Me agaché para apartar la tela que cubría el rostro del espantapájaros. Misterio resuelto. El rey de las bromas había atacado otra vez. Era Julian.

—Creía que te encontrabas en Connecticut dedicado a reconectarte con tu ser más elevado —manifesté con un enfado fingido porque estaba claro que no podía contener la sonrisa—. ¿No tienes nada mejor para entretenerte que montar estos numeritos y pegarme un susto de muerte?

—Disfruto mucho con estas bromas, hermanita —replicó Julian—. A veces te sientes un poco solo cuando te levantas todos los días con el alba.

—¿Por qué no me dices de qué va la lección? No me puedo creer que hayas reclutado a la pobre señorita Williamson para gastarme una broma pesada. Tiene casi noventa años...

—A ella le encantó la idea, y opina que soy muy divertido —respondió Julian mientras dirigía la vista hacia el balcón del dormitorio de la señorita Williamson en el segundo piso.

—¡Hola, Julian! —gritó la anciana entre risas, mientras se inclinaba sobre la barandilla, vestida con la bata—. Chico, eres muy bueno. Ha sido una de las cosas más divertidas que he visto en mucho tiempo. Sube a tomar una taza de té después de que termines con Catherine. Me encanta que me cuentes tus aventuras en la India. Hasta luego, guapo —añadió con una voz sensual que no le conocía.

Mi hermano se limitó a guiñarme un ojo.

—El mismo conquistador de siempre —comenté.

—Eh, es una mujer encantadora y, además, prepara la mejor infusión de manzanilla que he tomado en mi vida.

—Ahora, en serio, creía que te encontrabas en tu retiro espiritual. ¿Cómo es que has regresado?

—Sé que no ha sido precisamente un comportamiento muy

responsable, Catherine, y me disculpo, pero la intuición me dijo que debía compartir contigo la cuarta destreza del líder familiar lo antes posible. Desde que estuve con los sabios en Sivana, estoy mucho más atento a lo que ellos llamaban los «silenciosos murmullos de interior».

—Por favor, evítame todo el palabrerío, Julian —exclamé, sorprendida ante mi propia impaciencia, que atribuí a lo intempestivo de la hora.

—Hablo muy en serio. Todos disponemos de una capacidad oculta para detectar la verdad en todas las circunstancias de nuestras vidas. Cuando realizamos todo el trabajo necesario para conectar con nuestro ser más elevado, este poder, que la mayoría de las personas conocen como intuición, se hace obvio. Mi intuición me dijo que tú necesitabas escuchar lo que debo decirte sobre la cuarta destreza mucho más de lo que yo necesitaba una semana de reflexión y desarrollo personal. Por lo tanto, aquí me tienes a tu servicio —bromeó Julian al tiempo que se inclinaba con mucha deferencia para imitar a un mayordomo que saluda a su patrón.

—Ya que estamos, dime qué tiene que ver conmigo la pancarta con la cita: «Si todos estuviesen satisfechos consigo mismos, no habría héroes».

—Lo tiene que ver todo, Catherine. El hecho de que estemos aquí en un huerto tiene que ver contigo. El hecho de que lo preparara todo para que sonara la famosa canción de Louis Armstrong tiene que ver contigo.

—Ve al grano, hermano —protesté.

—La cuarta destreza del líder familiar se refiere a convertirte en la persona que estabas destinada a ser. Es convertirte en tu mejor ser y tomar conciencia de todo el potencial de tu mente, tu cuerpo y tu espíritu para ser una gran líder en tu familia. Se trata de llegar a ser una heroína en tu vida —comentó Julian con una mirada de cariño.

—¿Cuál es la cuarta destreza del líder familiar, Julian? —le pregunté de mucho mejor ánimo a medida que crecía el interés por esta nueva lección de la vida.

—Es algo muy sencillo, como lo son todos los grandes principios. Dice: Para ser un padre excelente, conviértase en una persona excelente. Esta destreza trata de la renovación y la regeneración internas.

—No estoy muy familiarizada con el último termino que has empleado.

—¿Qué opinarías de una empresa que no invierte dinero ni tiempo en investigación y desarrollo? —me replicó de inmediato.

—Poca cosa. Desde luego, nunca se me ocurriría invertir en ella.

—Correcto. Yo tampoco lo haría.

—¡Oh!, no me digas que estás jugando otra vez en la Bolsa, Julian... Ya veo los titulares: «Abogado millonario se convierte en un monje iluminado y se hace rico en la Bolsa. Con las ganancias, se compra un Ferrari». —Me eché a reír.

—Mis días de invertir en Bolsa se han acabado. Pero los días de invertir en mí mismo solo acaban de comenzar, y resultará la mejor inversión que jamás haya hecho. Verás, tú no pondrías ni un penique en una compañía que no presta ninguna atención a mejorar todos los días, y, sin embargo, una gran mayoría de las personas en este mundo en que vivimos ni siquiera invierte una hora al mes en mejorarse a ellas mismas. Por eso me gusta tanto la cita de Twain: «Si todos estuviesen satisfechos consigo mismos, no habría héroes». Las personas que salen adelante en este mundo y tienen grandes vidas (personal, profesional o espiritualmente) son aquellas que nunca están satisfechas consigo mismas. Están constantemente exprimiendo al máximo su potencial para ser más fuertes, sabias y eficaces.

—¿No crees que también correspondería decir algo en favor de estar satisfecho con uno mismo y que te agrade como eres?

—No estoy diciendo que no debes amarte a ti misma y dar gracias por todos tus dones personales. Sencillamente digo que no debemos caer en la trampa de ser complacientes, y algo todavía más importante, digo que necesitamos esforzarnos continuamente para hacer que nuestras vidas sean maravillosas. ¡Maravillosas! —recalcó Julian.

—¡Ah! Ahora comprendo la razón de que pusieras aquella música y cantaras la canción.

—Veo que has captado la idea —afirmó Julian y me dio un beso en la mejilla.

—Sigo sin saber por qué estamos en este huerto.

—El huerto es la metáfora perfecta para la idea de la renovación y la regeneración personales. Es el ejemplo ideal de cómo la naturaleza recompensa el cuidado, el interés y la atención. La señorita Williamson pasa aquí la mayor parte de sus días, ocupada con todas estas verduras, y se asegura de que estén correctamente tratadas y en las condiciones más favorables para su crecimiento. «Recogerás lo que siembres», dice el refrán. Ella le dedica mucho tiempo, y la naturaleza le corresponde con una cosecha excelente. Lo mismo es válido para las personas. Buscarte un hueco todos los días en tu apretadísima agenda para dedicarlo a la renovación y a la regeneración personales producirá resultados positivos en todas las facetas de tu vida.

—¿Qué quieres decir exactamente con renovación personal, Julian? ¿Te refieres a disponer de tiempo para hacer ejercicio y comer bien?

—A eso y mucho más. —Julian hizo una pausa y me llevó hasta la mesa del jardín. Mientras me servía un vaso de zumo de tomate fresco, continuó con su discurso sobre la cuarta destreza—. ¿Recuerdas cuando estabas en aquel fatídico vuelo?

—No creo que pueda llegar a olvidarlo —contesté en voz baja.

—Piensa en las instrucciones de las azafatas.

—Nos dijeron que mantuviéramos la calma, que no nos dejáramos dominar por el pánico y que pusiéramos la cabeza contra las rodillas.

—¿Qué dijeron sobre las mascarillas de oxígeno?

—Cada vez que subo a un avión, las azafatas nos repiten siempre lo mismo.

—¿Qué repiten?

—Nos dicen que debemos asegurarnos de tener bien colocadas las mascarillas de oxígeno antes de que tratemos de ayudar a los demás pasajeros con sus mascarillas.

—Una recomendación excelente —manifestó Julian muy contento con la respuesta—. Eso es exactamente de lo que trata la cuarta destreza del líder familiar y el concepto de renovación personal.

—Todavía sigo un poco perdida —confesé mientras bebía un trago de zumo de tomate.

—Antes de estar en condiciones de ayudar a los demás, debes ayudarte a ti misma. Para ser una mejor madre, primero debes convertirte en mejor persona. Para dirigir a tu familia de una manera excelente, primero debes dirigirte a ti misma de una manera excelente. Lo que te estoy diciendo es que el liderazgo exterior comienza por el liderazgo interior.

—Estoy de acuerdo contigo —señalé.

—No puedes hacer grandes cosas por tus hijos si primero

no tienes grandes pensamientos —afirmó Julian, con mucho vigor y el tono de un predicador bautista.

—Muy cierto —exclamé.

—No puedes hacer el bien en tu vida si no te sientes bien contigo misma.

—Muy cierto —asentí.

—No puedes amar de verdad a tus hijos si no te amas primero a ti misma —gritó mi hermano.

Guardé silencio. Esta última afirmación fue como un golpe. Luego me conmovió hasta las lágrimas. La sabiduría de Julian caló en mi alma. Tenía tanta razón... ¿Cómo podía amar de verdad a Jon y a mis hijos si no había descubierto el amor por mí misma? ¿Cómo podía un ser humano demostrar su amor por los demás si no encontraba primero el amor a él mismo? Mi hermano me estaba diciendo con todas las letras que antes de poder siquiera soñar con convertirme en la madre que Porter y Sarita se merecían, tenía que tomarme muy en serio el tema del desarrollo personal y «liderar desde el interior».

—Lo más curioso de todo —prosiguió Julian—, es que el firme compromiso con la renovación y el desarrollo personal no solo te hará mejor madre, sino que también te convertirá en una persona mucho más feliz. Como John F. Kennedy dijo en una ocasión: «La felicidad consiste en hacer el máximo uso posible de nuestros poderes por el bien de todos».

—De acuerdo, Julian. Entonces ¿qué clase de cosas debo hacer para renovarme a mí misma y convertirme en un ser humano más sabio y más completo?

—Una de las claves es comenzar temprano —me respondió de inmediato.

—Por favor, sé un poco más explícito.

—Si quieres convertirte en una persona mejor, te sugiero

que te hagas miembro del club de las cinco, como has hecho hoy.

—¿Quieres que me levante todos y cada uno de los días de la semana a las cinco de la mañana? —pregunté—. ¿Te has vuelto loco?

—Los sabios se levantaban a las cuatro, pero creo que para ti ya está bien con levantarte a las cinco, Catherine. Al ganar la batalla de la cama, al poner la mente por encima del colchón y levantarte temprano, conseguirás sacarle mucho más a la vida. Levantarte a las cinco te dará una ventaja psicológica. El resto del mundo está durmiendo mientras tú ya estás levantada y haces todas aquellas cosas que los demás saben que son importantes para disfrutar de una gran vida, pero que nunca hacen por falta de tiempo.

—¿Qué cosas?

—Contemplar la salida del sol, pasear por el bosque, leer alguno de los grandes libros. Tal como te dije antes, leer un poco todos los días te cambiará la vida. Leer buenos libros durante una media hora al comienzo del día llenará todos los demás minutos de tu jornada de la sabiduría contenida en ellos y de la que tú te has beneficiado mientras los demás dormían. Mejorará tu trato con los chicos y tu manera de tratar con Jon. Mejorará las relaciones con tus empleados. Incluso te hará más amable con personas extrañas. Tal como Judah ibn-Tibbon observó tan sabiamente: «Haz de los libros tus compañeros. Deja que sus estantes y anaqueles sean tus campos de juego y jardines».

—Una declaración poderosa.

—Imagina lo que es disponer de una o dos horas más todas las mañanas durante el resto de tu vida. Reserva ese tiempo para tu trabajo interior y comprueba cómo tu vida asciende a cotas antes inalcanzables. Utiliza el tiempo para meditar o visualizar tu día ideal o incluso tu vida ideal. Escucha buena música para serenar tu espíritu o dedica ese tiempo a cultivar el jardín y comunicarte con la naturaleza como hace nuestra vieja y querida amiga, la señorita Williamson. Por cierto que ayer mismo me comentó que lleva más de setenta años levantándose a las cinco de la mañana y que lo considera el mejor hábito de su vida.

—No lo sabía.

—Catherine, todas las personas en este mundo, tienen una historia que contar y una lección que impartir. El problema es que la mayoría de nosotros estamos tan ocupados y tan metidos en nuestras propias cosas que no nos preocupamos de buscar un poco de tiempo para aprender de aquellos que nos rodean. No te culpo de nada, hermanita. Tienes una carrera y una familia adorables que te exigen mucha atención. Solo te pido que recuerdes que una gran vida está hecha de grandes relaciones. Si quieres ser feliz en la vida, tienes que relacionarte más con las personas a tu alrededor y ver cómo crece la alegría que se siente. La gratificación en la vida no viene de obtener más cosas. Viene de sentir más amor.

—Estoy de acuerdo contigo, Julian. Los últimos meses han sido los mejores de mi vida. Nunca había estado tan cerca de Porter y Sarita. Nunca me había sentido más amada por Jon. Nunca me había sentido tan apreciada por los empleados, y nunca me había sentido más agradecida por todo lo que has hecho y haces por mí. Todavía me queda un largo camino por recorrer, pero sé que voy en la dirección correcta.

—De eso no tengas la más mínima duda.

—¿Qué más puedo hacer para renovarme a mí misma y así convertirme en mejor persona?

—Cuida del templo —contestó Julian.

—¿A qué templo te refieres? —repliqué desconcertada.

—Tu cuerpo es tu templo —respondió mi hermano. Se quitó los últimos restos de la tela que le había servido de disfraz y dejó al descubierto la elegante túnica roja—. Los antiguos filósofos decían: «*Mens sana in corpore sano*».

—Por favor, traduce. Mi latín ya no es lo que era... —Le hice un guiño.

—Significa sencillamente una mente sana en un cuerpo sano. Esto es algo muy importante y vital; sin embargo, la mayoría de las personas no lo tiene en cuenta. Tu cuerpo es realmente un templo. Tendrías que considerarlo como un vehículo que, si lo cuidas bien, te transportará a las más grandes alturas de tu vida. Buscar la excelencia física es una estupenda manera de llegar a la excelencia personal.

—¿De verdad?

—Por supuesto. Piensa en la disciplina que necesitas para ir al gimnasio cinco o seis veces por semana. Piensa en lo duro que es esforzarte siempre más allá de lo que es cómodo cuando hacemos ejercicio, y lo bien dispuestos que estamos a aceptar el desafío de hacer un poco más en cada sesión. Piensa en la fuerza de voluntad que necesitas para comer alimentos sanos y naturales, y beber muchísima agua todos los días cuando las tentaciones se multiplican en todos los lugares que visitamos. Pero si tienes el coraje de respetar tu cuerpo, el templo que alberga la persona que eres, no estarás muy lejos de alcanzar la excelencia personal. Cada vez que vas al gimnasio en un día en que no tienes muchas ganas de hacer gimnasia, te vuelves un poco más fuerte como ser humano. Cada vez que sales a correr en un día de invierno cuando estar bien abrigado en la cama parece lo más apetecible, actualizas tu humanidad un poco más. Trabajar en la mejora de tus condiciones físicas es una excelente manera de mejorar tu carácter y también tu calidad de vida. No solo mejorarás como persona, sino que mejorarás como madre.

—No acabo de ver la relación, hermano.

—Hacer ejercicio con regularidad, comer bien y tomarse el tiempo para relajarse y nutrir tu cuerpo te hará sentir más feliz. Te proveerá de una cantidad de energía que nunca has tenido. Te dará más resistencia y fortaleza mental. Te hará más paciente y cariñosa. Te sentirás más serena a lo largo de toda la jornada. ¿No crees que todos estos beneficios te ayudarán a ser una mejor madre para Porter y Sarita? —preguntó Julian, con un tono grandilocuente.

—Claro que sí.

—Preocuparte por el regalo que es tu cuerpo te convertirá en una pensadora más clara y más fuerte. Dado que tus pensamientos son los que, en última instancia, forman tu mundo, ese beneficio por sí solo no tiene precio. Hay ciento sesenta y ocho horas en una semana. Sin duda, todos nosotros tendríamos que disponer de tiempo, cuatro o cinco horas para cuidar de nuestros templos y trabajar en la perfección de nuestro estado físico a pesar de nuestros apretados horarios. Sé que en los últimos tiempos estás haciendo gimnasia y te felicito por tus progresos, pero te recomiendo que lo lleves al siguiente nivel. Trabaja más en serio en todo lo referente a liberar tu potencial físico y a obtener las mejores condiciones posibles.

—Perdona la pregunta, Julian, pero ¿acaso es recomendable obsesionarse por obtener un cuerpo perfecto? Como mujer siento mucho la presión de tener un aspecto determinado, una presión reforzada por las imágenes que publican los medios de comunicación.

—Una excelente observación. Aquí está la clave: no sugiero en absoluto que la meta para conseguir la excelencia física sea parecerse a una supermodelo o a una estrella de cine. El propósito esencial de esta búsqueda es descubrir lo mejor de ti misma. Para llegar a ese punto es necesario que pases de mirar el exterior a mirar el interior. Deja de medir tus progresos físicos con el patrón de las mujeres que ves en las revistas de modas, y comienza a medirte a ti misma en comparación a lo que eras antes.

—Es un concepto muy profundo, Julian. Al oír tus palabras noto una especie de cosquilleo en todo el cuerpo.

—Me lo enseñaron los grandes sabios. ¿Recuerdas el antiguo proverbio indio que te mencioné antes? Decía: «No hay nada noble en ser superior a los demás. La verdadera nobleza consiste en ser superior a tu ser anterior».

—¡Lo recuerdo y me encanta! —exclamé—. Es un enfoque muchísimo más sensato e iluminador.

—Por lo tanto, emplea tu ser anterior como referencia, y también recuerda que la persona que no tiene tiempo para el ejercicio tendrá que tenerlo para la enfermedad.

—Una gran verdad —comenté pensativa.

—Nunca deja de asombrarme —prosiguió Julian con gran entusiasmo— cómo, cuando somos jóvenes, estamos dispuestos a sacrificar toda nuestra salud por un poco de riqueza, y cómo, cuando nos hacemos viejos y sabios, estamos dispuestos a sacrificar toda nuestra riqueza...

—Por un poco de salud —le interrumpí, sin poder contenerme.

—Así es. Por cierto, cuando se trata de mantenerse en forma y de hacer ejercicio, por favor, ten siempre presente que cada vez que no haces lo correcto, fomentas el hábito de hacer las cosas equivocadas.

—Otra vez estoy perdida.

—Te lo diré de otra manera: perder una sesión de gimnasia es mucho más que una sesión perdida.

—Venga, Julian, deja de liarme —protesté.

—De acuerdo. Lo que quiero decir es que cuando te saltas una sesión de gimnasia, no te mantienes en el mismo nivel donde estabas, sino que en realidad retrocedes un poco. Cada vez que no vas al gimnasio, estás reforzando el hábito de no hacer gimnasia. Cuantas más sesiones te pierdas, más fuerte será el hábito negativo. Si persistes, llegará un momento en que el hábito negativo de no ir al gimnasio reemplazará el hábito positivo de hacer gimnasia por el que habías tenido que trabajar tan duro. Por eso digo que cada vez que no haces lo correcto, fomentas el hábito de hacer las cosas equivocadas. Este principio aparentemente sencillo se aplica a todo lo que haces en la vida. Cada vez que te olvidas de darle las gracias a alguien estás fomentando el hábito de no dar nunca las gracias. Cada vez que te olvidas de responder sin demora a una llamada telefónica, has dado un paso para desarrollar el hábito de nunca devolver las llamadas sin demoras. Cada vez que le dices a tus hijos que estás demasiado cansada para leerles un libro a la hora de irse a la cama, has dado un paso para establecer el hábito de no leerles cuando se van a la cama. Recuérdalo, Catherine, en la vida las cosas pequeñas son en realidad las grandes. La calidad del éxito que obtengas en la vida depende, en última instancia, de las pequeñas decisiones que tomas cada minuto de cada hora de cada día.

—No podría estar más de acuerdo, Julian. Es muy fácil olvidar que los pequeños actos de todos los días acaban por definir lo grande que serán nuestras vidas —comenté, mientras me daba cuenta de que comenzaba a hablar cada vez más como mi hermano—. Supongo que con estas vidas tan ocupadas que llevamos la mayoría, sencillamente hemos perdido de vista las cosas que cuentan de verdad y hemos acabado centrándonos en las distracciones. Me recuerda las palabras del gurú de la gestión Peter Drucker cuando dijo: «No hay nada más inútil que hacer eficazmente aquello que no había que hacer en absoluto».

—Es brillante —reconoció Julian, con una gran carcajada—. Tendré que apuntármela. Esa cita es una verdad como un templo. En realidad no tiene el menor sentido dedicar las horas más importantes de tus días a realizar las cosas menos importantes. Los líderes más sabios, y recuerda que todos somos líderes de alguna manera, dedican sus días en aquello que es digno y esencial en la vida. Se toman el tiempo que haga falta para descubrir cuáles son sus actividades más elevadas, aquellas que les resultan más beneficiosas, y después concentran sus energías solo en esas cosas. Este gran nivel de concentración en las prioridades reales es el secreto del éxito. Como dijo el pensador chino Lin Yutang: «Además de dominar el noble arte de hacer las cosas, aprende el noble arte de no hacerlas. La sabiduría de la vida consiste en eliminar las cosas no esenciales».

—¿Qué más puedo hacer para renovarme a mí misma y dirigir desde el interior, Julian? Levantarme con el alba y cuidar del templo son unas recomendaciones excelentes. Me encantaría aprender unas cuantas más.

—Grabar tu vida es otra de las ideas que te ayudarán en el proceso.

—¡Ya estamos otra vez! Vale, Julian —dije dispuesta a seguirle el juego—, ¿qué significa «grabar tu vida»?

—Pretendo animarte a que comiences a escribir un diario. Si lo haces, estarás en posición de aprender de los acontecimientos significativos de tu vida y aumentar tu sabiduría día a día. Llevar un diario te permitirá servirte de tu pasado. Será una herramienta que te permitirá aplicar las viejas experiencias a los acontecimientos futuros. Escribir los acontecimientos que te suceden, junto con las lecciones que has sacado de ellos, te dará una mayor conciencia de ti misma. Te permitirá ver con mayor claridad por qué haces las cosas y los cambios que debes realizar si quieres pasar a la siguiente etapa de tu vida. Escribir un diario te ofrecerá la oportunidad de mantener una conversación absolutamente íntima contigo misma. La disciplina te obligará a pensar con rigor en un mundo que menosprecia el pensar con rigor y la introspección. También te facilitará vivir de una manera más consciente e intencionada de forma tal que seas tú la que actúe sobre la vida, y no que la vida te dirija a ti.

—¿Llevar un diario es una técnica tan poderosa?

—Lo es —replicó Julian. Cogió uno de los enormes tomates maduros de la señorita Williamson y lo mordió con fruición.

—¿No tendrías que lavarlo, Julian?

—Te preocupas demasiado, Catherine. No me pasará nada. ¡Oh!, además el diario será como un archivo donde dejar constancia de opiniones claves en temas importantes, apuntar las estrategias que llevan al éxito que has aprendido de otros o fruto de tus observaciones, y reseñar todas aquellas cosas que tú consideras esenciales para lograr la magnífica vida personal, profesional y espiritual que te mereces.

—¿Puedes ampliar un poco más lo que entiendes por «vida espiritual»?

—Desde luego. En realidad, en estos días hay mucha confusión en cuanto al término. Solo te citaré al Dalai Lama que dijo: «Cuando empleo la palabra "espiritual" me refiero a las buenas cualidades básicas de los seres humanos. Estas son: afecto, participación, honradez, disciplina e inteligencia guiadas correctamente por una buena motivación». Como ves, Catherine, estas son las cualidades que nos hacen humanos, y todos nacemos con ellas.

—¿Tú crees?

—Sí. Todos nacemos esencialmente como seres espirituales, perfectos en nuestra imperfección. Desafortunadamente, a medida que crecemos, tendemos a absorber los patrones negativos: los de nuestros padres, luego los de nuestros maestros y, por último, los de todos aquellos que nos rodean. La mayoría de las personas se alejan cada vez más de sus verdaderos seres, los seres que son en realidad, a medida que envejecen y se sienten más cansados del mundo que les rodea. Mi meta es retornar a mi esencia y redescubrir quién soy de verdad. Para regresar a la perfección que tuve una vez antes de permitir que tanta negatividad empañara la lente a través de la cual veo el universo.

—Vaya. La verdad es que me haces pensar, Julian. Ahora volvamos al tema de escribir un diario. ¿Un diario es un dietario?

—Otra excelente pregunta. No, un dietario es donde tú anotas hechos, mientras que un diario es donde tú analizas y evalúas los hechos.

—Muy bien explicado —exclamé.

—Llevar un diario te estimula a examinar lo que haces, por qué lo haces y lo que has aprendido de todo lo que has hecho. Los investigadores médicos han descubierto que escribir un diario durante tan solo quince minutos cada día puede mejorar la salud, el funcionamiento del sistema inmunológico y el estado anímico en general. Recuérdalo, hermanita, si vale la pena pensar en tu vida, y lo vale, entonces vale la pena escribir de ella.

—Un precioso consejo.

—Pasemos ahora a mi última recomendación para la renovación y la excelencia personal: tómate un descanso sabático.

—En estos tiempos, los descansos sabáticos son cada vez más populares en el mundo empresarial. Uno de nuestros gerentes acaba de presentarme una petición donde solicita un año de permiso para dar la vuelta al mundo en un velero con su familia. Dice que ya no sabe quiénes son sus hijos y que ha perdido todo contacto con su esposa. ¿Adivinas cuál será mi respuesta? —Sonreí.

—La sé y te felicito. Pero el tipo de descanso sabático que te propongo no es nada tan espectacular, pero que puede ser muy efectivo. En el mundo antiguo, el séptimo día de la semana se llamaba «sabbat». Estaba reservado para algunas de las cosas importantes, pero habitualmente olvidadas, de la vida como son, entre otras, estar con la familia y ocuparnos de nuestras aficiones. El día sabático daba la oportunidad a la gente trabajadora para recargar las pilas y dedicarse a vivir con plenitud. Sin embargo, a medida que se aceleraba nuestro ritmo de vida, esta maravillosa tradición se fue perdiendo junto con los enormes beneficios personales que la acompañaban. Ahora te animo a que recuperes este hábito en tu propia vida. Resérvate seis o siete horas cada semana para disfrutar de las cosas que te encanta hacer, pero que nunca haces. Puedes hacerlo el fin de semana o, con tu horario flexible, convertir el martes o el jueves en tu día sabático. La cuestión es asegurarte de que no pase ni una sola semana sin tener unas horas para tratarte con bondad y cariño a ti misma.

—Se me ocurren dos preguntas. Primero: ¿debo estar sola en mi día sabático?, y segundo: ¿qué cosas debería hacer?

—Está muy claro que debes hacerlo sola. Esta es tu oportunidad para pensar y ser de verdad. Es tu ocasión para un paseo solitario por el bosque y sentir la caricia del viento en tu rostro.

Es tu oportunidad para detenerte y escuchar a un músico ambulante sin preocuparte de que, o sales corriendo, o llegarás tarde a tu próxima cita. Es tu oportunidad de perderte entre las estanterías de tu librería favorita mientras disfrutas de una taza de chocolate caliente. Es tu oportunidad para bailar descalza en el parque o contemplar una telaraña después de la lluvia, en un estado de atención y de vivir el presente de forma auténtica. Es una espléndida oportunidad para percibir quién eres tú de manera total todas las semanas durante el resto de tu vida.

—¿Así que un descanso sabático es un regalo que me hago a mí misma?

—Bien dicho. Es tu recompensa por una semana bien empleada, y sin duda tendrá el efecto de mantenerte alegre, fresca, vigorizada, y tranquila. Es una excelente manera de emplear tu tiempo, una inversión que te permitirá rendir al máximo durante la semana como madre, pareja y persona.

—Creo que este hábito hará maravillas conmigo. Lo sé. Me dará un espacio propio donde ser absolutamente libre. Comenzaré el viernes. Por la mañana iré a que me hagan un masaje. Después escribiré mi diario en plena naturaleza y acabaré con una comida vegetariana en el nuevo restaurante que han abierto junto al río.

—Sirven una comida excelente —afirmó Julian—. El propietario era uno de mis clientes. Me agasaja como a un príncipe cada vez que voy y no escatima el ajo, tal como a mí me gusta. ¡Ah, el poder del ajo! Afortunadamente no tengo que compartir mi habitación con nadie después de esos banquetes —añadió alegremente.

—Eres demasiado, Julian. No tenía idea de que era allí adonde ibas estos días. Algunas veces desapareces durante horas. —Miré a mi hermano y añadí con cautela—: Hay momentos en que escuchamos ruidos como si estuviesen serrando en tu habitación, y otras en las que escuchamos martillazos. También te escucho salir de madrugada. Quiero que tengas tu independencia, pero debo confesar que me preocupas y mucho.

—Te agradezco la preocupación, Catherine. Tengo cosas que hacer y personas con las que encontrarme —dijo como única respuesta.

—De acuerdo. Volvamos a la hermosa idea de disfrutar de un descanso sabático todas las semanas para recuperarme. ¿Hay alguna otra cosa que deba saber al respecto?

—Creo que estás en el camino correcto. Utilízalo como un tiempo para jugar, bailar, pensar, nutrir tu espíritu y despertar a las delicias de la vida. También es una gran oportunidad para meditar con gratitud. Todas las semanas tómate unos minutos y escribe en tu diario todas las cosas que debes agradecer. Recuérdalo, todo aquello en lo que te concentras crece, aquello en lo que piensas se expande y aquello en lo que profundizas determina tu destino. Los aspectos de tu vida a los que dedicas más atención son los que verás convertirse en auténticas maravillas. Por lo tanto, mantente centrada en todo lo bueno que hay en tu vida, y descubrirás que crecen. El sufrimiento en la vida en realidad no es más que la diferencia entre cómo son las cosas y la manera que tú imaginas que deben ser. Si puedes aceptar las cosas buenas de tu actual realidad sin sentir continuamente que tu vida es vacía comparada con las vidas de los demás, habrás dado un salto extraordinario hacia la iluminación. Asume el compromiso de convertirte en una persona que vive en un estado de constante gratitud y expectación positiva. Ten grandes sueños, pero también disfruta del lugar donde te encuentres en un momento dado. El camino es tan bueno como el final. Cuando puedes mantener esta actitud mental, el universo te colmará con su abundancia. Me encantan las palabras de Cicerón que dijo: «La gratitud no es solo la mayor de las virtudes, sino la madre de todas las demás».

Julian comenzó a caminar hacia el centro del huerto con los brazos extendidos como si esperase un regalo del cielo por toda la sabiduría y el amor que había compartido conmigo. En el momento en que sus brazos estaban extendidos hacia arriba, un estallido de luz pareció cruzar el firmamento.

—¿Lo has visto? —exclamó con el rostro brillante de entusiasmo y los ojos muy abiertos.

—¡Increíble! ¿Qué ha sido eso?

—No estoy seguro —respondió Julian—, pero me ayuda a decirte que he estado esperando toda la mañana para compartir algo contigo, Catherine.

—¿De qué se trata?

—Conviértete en una luz. Sé una luz para tus hijos y enséñales el camino. Sé una luz para Jon e ilumina su vida. Y sé una luz en este mundo para que se convierta en un lugar mejor, más idóneo y más pacífico. Eres una mujer extraordinaria. Por favor, tómate a pecho las lecciones que te he dado y utilízalas para transformarte en la persona que, en lo más profundo de mi corazón, sé que estás destinada a ser. De ahora en adelante, en todo lo que hagas, muestra lo mejor de ti y entrégate sin reparos. Sé la luz que disipa las tinieblas. Sé la guía de aquellos que están perdidos. Nunca olvides que un corazón lleno de amor y un espíritu generoso mejorarán este mundo de una manera que ni siquiera puedas imaginar.

Julian se arrodilló y después de apoyar las manos en la tierra durante unos segundos, comenzó a cavar. Cavaba cada vez más hondo, y la expresión de su rostro mostraba la concentración que había sido una de las claves de los sorprendentes éxitos que había alcanzado.

Después de unos minutos de febril actividad, Julian se detuvo. Tenía el rostro bañado en sudor, y la túnica salpicada con tierra. Metió la mano rápidamente en el agujero y sacó un objeto que no se parecía ni remotamente a nada que hubiese visto antes. Medía unos doce centímetros de largo, al parecer estaba hecho de piedra y se semejaba a un ser humano con las manos extendidas.

—¿Qué es eso? —pregunté, muy intrigada.

—Es un Inukshuk. Son del Ártico, una de las regiones más despobladas del planeta, pero que nos ofrece una multitud de lecciones sobre las necesidades y la vida humana. De acuerdo con la leyenda inuit, el Inukshuk es el guía para un viaje seguro y simboliza el deber de todos nosotros de alumbrar el camino de aquellos que puedan haberse extraviado. Durante siglos, estas figuras de piedra con forma humana han guiado a los viajeros a través de las desoladas tierras del Ártico y han consolado a las que necesitaban un rumbo. Tú, mi querida hermana, te estás convirtiendo en una luz que guiará a tu familia, y también a todas las otras personas con las que te roces, a una manera de vivir mucho más sabia. Sé que ese día acabará por llegar. Por eso, mientras mis ojos se abrían a una realidad absolutamente nueva en la India, hice arreglos para que colocaran aquí este regalo para ti. Durante todo aquel tiempo nunca supe cuándo te lo daría, ni siquiera si estaría aquí, pero confié en mi corazón y lo encontré exactamente en el lugar que me indicaron.

Mientras cogía la estatuilla de las manos de Julian, vi cinco palabras grabadas en la piedra. Decían: PRESTA ATENCIÓN A LA VIDA.

Me recordaron las palabras de Henry Miller que Julian había escrito con letras muy grandes en el techo de su habitación:

> En el momento en que uno presta mucha atención a cualquier cosa, incluso a una brizna de hierba, esta se convierte en sí misma en un mundo misterioso, impresionante, de una magnificencia indescriptible.

DIEZ

La quinta destreza del líder familiar

Dé a su hijo la inmortalidad a través del regalo de un legado

> Pocos tendrán la grandeza de modificar la historia, pero cada uno de nosotros puede trabajar para cambiar una pequeña parte de los acontecimientos, y la suma total de todos esos actos quedará escrita en la historia de esta generación.
>
> ROBERT F. KENNEDY

> Hay un momento especial en la vida de todos, un momento para el que hemos nacido. Esa oportunidad especial, cuando la aprovechamos, cumplirá nuestra misión, una misión que solo podemos cumplir nosotros. En ese momento, cada uno de nosotros encontrará su grandeza. Será nuestro mejor momento.
>
> WINSTON CHURCHILL

Hacía años que no iba al cine Oxford. En su época de gloria, había sido la sala de moda a la que todo el mundo acudía para asistir a los grandes estrenos, codearse con las estrellas y disfrutar de una noche de sábado memorable. Pero la gente guapa frecuentaba ahora otros locales, y los propietarios se habían despreocupado del Oxford. Todavía funcionaba como cine, pero solo ofrecían películas de serie B y reposiciones, y la sala solo se llenaba hasta la mitad del aforo.

Era martes por la noche. Julian me había pedido que nos encontráramos en el cine para el pase de las siete de un documental acerca de una mujer llamada Oseola McCarty y titulado *La lavandera que conmovió al mundo*. No tenía ninguna referencia del documental en cuestión, ni de la mujer que era el tema de la película, pero Julian me había dicho que era importante que conociera los detalles de su vida; por otra parte, me encantaba la idea de ir al cine con mi hermano.

Durante las seis semanas transcurridas desde que había aprendido la lección de la cuarta destreza del líder familiar en el huerto de la señorita Williamson, se habían producido cambios en mi vida que solo se pueden describir como milagrosos. Había seguido al pie de la letra los consejos de Julian e iba camino de convertirme en socia vitalicia del club de las cinco. Al principio no había tenido muy claro que fuera capaz de levantarme a aquella hora todas las mañanas pero después de sobrevivir a la dolorosa experiencia de las primeras semanas, el hábito me pareció encantador. En las horas que había ganado levantándome con el alba, podía sentir la comunión con la naturaleza, meditar y leer los libros de filosofía que Julian dejaba en la mesa de centro de nuestra sala de estar. También utilizaba el tiempo para organizar mis días, pensar en mi vida y definir mejor mis sueños. Muchas mañanas me sentaba en mi despacho y me entretenía en contemplar a través de la ventana una enorme rosaleda que a Jon y a mí nos encantaba, mientras disfrutaba del silencio y la tranquilidad de la madrugada. Estos momentos de soledad me permitieron ver cómo debía vivir el resto de mis días y el valor que añadiría al mundo si me convertía de verdad en la líder que mi familia se merecía. El filósofo francés Blaise Pascal tenía toda la razón cuando dijo: «Todas las miserias del hombre derivan de no poder estar sentado tranquilamente y a solas en una habitación».

Alcancé una espiritualidad cada vez mayor, y durante aquellas seis semanas, se me ocurrieron nuevos pensamientos y experimenté sensaciones de las que nunca me había creído capaz. Comencé a ver el mundo como un lugar mucho más feliz y finalmente comprendí que podía desempeñar una función significativa en la sociedad. Fui capaz de dar mucho más amor a los chicos y a Jon, y a su vez, recibir de ellos amor más allá de lo imaginable. La oscuridad que desde hacía mucho tiempo parecía envolver mi corazón se esfumaba lentamente, y comencé a percibir una sensación de beatitud en todo lo que me rodeada. Julian me había advertido de que esto ocurriría y no me había mentido.

Seguir el consejo de Julian en lo referente al cuidado del templo representó una profunda mejora en mi nivel de energía y también en mis estados de ánimo. Fui capaz de hacer muchas más cosas con Jon y los chicos, y disfrutar más del tiempo que pasaba conmigo misma. Llevar un diario me ayudó a estar más atenta a cómo había vivido el día y a prepararme para vivir el siguiente con más sabiduría. Recuperar el descanso sabático me había vuelto a vincular con mi espíritu y la alegría, algo que había perdido hacía no sé cuántos años. Comencé a sentir que, como hubiese dicho Julian, «mostraba mi grandeza» y que, en el proceso, daba paso a mi mejor ser. Además, tal como me había prometido mi hermano, convertirme en mejor persona desde luego me había convertido en mejor madre.

Pero también debo confesar que empezaba a sentirme un poco triste. Aunque él no había dicho ni una palabra, tenía la sensación de que Julian se preparaba para marcharse. Una noche, cuando nos sentamos a cenar, le preguntó a Jon cuánto se tardaba en ir a México en autocar. Otra noche le pidió a Porter que le bajara de Internet un mapa de Canadá, y en una tercera ocasión recibió un paquete con información sobre Italia. Supongo que yo sabía en el fondo de mi corazón que Julian había venido para enseñarme las lecciones que más necesitaba aprender. Ahora que solo quedaba una lección por impartir, él se preparaba para emprender su siguiente proyecto. Pero mi mente se resistía a aceptar que pudiera vivir el resto de mi vida sin tener la iluminadora presencia de mi hermano al que amaba tanto.

Por si todo esto fuese poco, mi inquietud se veía aumentada por los extraños sonidos que llegaban de la habitación de Julian. Ruidos de martillos, sierras y pulidoras se escuchaban durante horas hasta que mi hermano aparecía con una sonrisa radiante y la túnica cubierta de serrín. Nunca me decía qué estaba haciendo, y yo había decidido no preguntar. Como escribió Henry David Thoreau en cierta ocasión: «Si un hombre no va al paso con sus compañeros, quizá sea porque escucha otro tambor. Dejad que marche al son de la música que escucha, por mucho que se aparte». Darle a Julian su propio espacio era, para mí, dejar que marchara al son de su propia música.

Cuando entré en el vestíbulo del cine, no vi rastro alguno de Julian. Me había dicho que me sentara en la séptima fila y que le reservara una butaca por si llegaba tarde. Mientras se apagaban las luces, un acomodador caminó por el pasillo hasta el centro de la sala y un foco alumbró su rostro juvenil. Se dirigió a los espectadores: «Buenas noches, damas y caballeros, gracias por estar aquí con nosotros en el Oxford para asistir al estreno de un documental sobre una mujer muy especial. Por favor, apaguen los móviles y disfruten de la sesión». Se apagó el foco y en la pantalla aparecieron los títulos de la presentación. En aquel momento sentí que me tocaban el brazo. Era Julian cargado con dos grandes bolsas de palomitas, dos botellas de agua mineral y una bolsa de gominolas. En la espalda llevaba una mochila.

—Lamento llegar tarde, hermanita. Tenía que acabar de recoger unas cosas en casa —se disculpó con una sonrisa.

—No pasa nada, Julian, aunque ya comenzaba a creer que esta noche me darías plantón —respondí de muy buen humor mientras cogía mi bolsa de palomitas y una botella de agua.

—Ni pensarlo, Catherine. Llevo esperando este estreno desde hace una semana. Es una historia increíble —dijo, y me plantó un beso en la frente.

La historia de la vida de Oseola McCarty era desde luego sorprendente. Nacida en la pobreza, había crecido en una casucha de la que nunca salía excepto para hacer las compras e ir a la iglesia. Se había ganado la vida como lavandera, y había ahorrado todo el dinero que había recibido a cambio de sus muchas horas de duro trabajo. Nunca había aprendido a conducir ni se había casado, si bien le había dicho a un reportero que la entrevistó cuando estaba a punto de cumplir los noventa que «todavía estoy buscando un buen hombre». Oseola había llevado una vida sencilla, honrada y modesta, y había ahorrado el dinero que ganaba día tras día, semana tras semana mes tras mes a medida que pasaba el tiempo.

Un día, a la edad de ochenta y siete años, entró en la agencia del banco donde tenía la cuenta, y el director de la agencia le preguntó si tenía idea de lo que había ahorrado en el transcurso de su vida. Cuando ella le respondió que no lo sabía, el director le había informado muy complacido de que tenía en la cuenta nada menos que un cuarto de millón de dólares. Pero al darse cuenta de que Oseola no sabía cuánto dinero representaba esa cantidad, el director había cogido diez monedas y las había colocado sobre el mostrador. «Estas diez monedas representan su dinero, Oseola. ¿Qué hará con ellas?» La anciana señaló la primera moneda y prometió que se la daría a la iglesia. Otras tres monedas las reservó para sus muy queridos sobrinos y sobrinas y, por último, con una sonrisa adorable, Oseola afirmó que las restantes monedas estaban destinadas para algo muy especial.

Un mes más tarde, en las oficinas de la universidad de la ciudad natal de Oseola recibieron un cheque de ciento cincuenta mil dólares con la petición de que fueran utilizados para un fondo destinado a dar becas a los estudiantes sin recursos. Me enteré gracias al documental que este acto de generosidad había conmovido a personas de todo el mundo. Oseola recibió las felicitaciones de presidentes y primeros ministros de multitud de países, y la Universidad de Harvard, donde había estudiado Julian, le concedió un doctorado honoris causa. Con todo este alboroto, Oseola insistió en que quería seguir viviendo con la misma sencillez de antaño. Pero confesó que tenía un sueño: presenciar el acto de graduación del primer beneficiario de la beca que había instituido, si bien tampoco se hacía muchas ilusiones dada su avanzada edad. Sin embargo, un mes antes de su fallecimiento, Oseola tuvo la satisfacción de ver a la primera becaria subir al escenario para recibir su diploma.

Después de la muerte de Oseola, un periodista llamó a la becaria para pedirle un comentario sobre la desaparición de su benefactora. La joven licenciada le dio la siguiente respuesta: «El cielo no podría tener otro ángel mejor. Ella fue una fuente de inspiración, una bendición, un tesoro para el mundo entero».

Cuando acabó la proyección y ya no quedaba nadie más en el cine, Julian se levantó para hablar en la sala vacía, y lo hizo con una cita de William James, el brillante psicólogo de principios del siglo XX.

—«La humanidad siempre ha tenido el instinto de considerar al mundo como un teatro para el heroísmo.» Esta noche te he traído a este viejo teatro que nuestra ciudad ha olvidado para hablarte de este tema esencial. Tu vida, Catherine, es en última instancia un teatro para el heroísmo. Los restantes días de tu vida, que serán muchos, deben convertirse en el escenario de nobles actos de liderazgo y bondad. —Julian hablaba con tanta emoción que no me atreví a interrumpirlo—. Piensa en la vida de Oseola McCarty. Para ganarse el sustento lavaba la ropa sucia de la gente. Vivía en una casa humilde y era una desconocida para el mundo. Sin embargo, a través de sus pequeñas aportaciones, ahorrar las monedas que ganaba con su trabajo para destinarlas a una causa noble, bendijo al mundo. ¡Esta extraordinaria mujer dejó un glorioso legado!

—¿Crees que todos podemos dejar un legado como hizo ella? —pregunté en voz baja.

—Por supuesto. Aprendí de los sabios que todos estamos destinados a hacer algo especial con nuestras vidas y a vivir en los corazones de los demás cuando ya no estemos. Lo triste es que la mayoría de nosotros creemos que, para dejar un legado importante, debemos realizar algún acto supremo. Consideramos que solo así nuestras vidas tendrán validez y que habremos cumplido con nuestras obligaciones más elevadas. Pero eso no es lo que se pide de nosotros. Lo único que necesitamos para dejar una huella significativa en el mundo es centrarnos en realizar pequeños actos de grandeza todos los días. Si lo haces, tu legado se cuidará de sí mismo.

—¿Hacer como hizo Oseola McCarty con sus en apariencia insignificantes actos, depositando las pocas monedas que ganaba todos los días hasta reunir una cantidad considerable al final de su vida?

—Así es —respondió Julian, complacido—. Haz las pequeñas cosas con mucho amor y atención, y las cosas grandes se harán por sí mismas. Esto es lo que te enseña la quinta y última destreza del líder familiar: da a tu hijo la inmortalidad a través del regalo de un legado.

—Vaya, es una frase impactante —afirmé con una mezcla de entusiasmo y tristeza porque esta era la última lección que recibiría de Julian.

—Es la más importante de todas las destrezas, Catherine. Tienes que enseñarles a Porter y Sarita, al final de cada día, que su destino como personas consiste en vivir por algo que sea más importante que ellos mismos. Si aceptan el desafío, y sé que lo harán, conseguirán la inmortalidad en el sentido de que vivirán en los corazones de aquellos con quienes hayan tenido relación.

En aquel mismo momento aparecieron fugazmente en la pantalla las palabras: «Películas Destino».

—¿Ha sido obra tuya, Julian?

—No, pero ilustra muy bien lo que quiero decir. Verás, todos tenemos un destino vital que estamos obligados a seguir si pretendemos vivir nuestras vidas al máximo. Piensa en lo que dijo Vaclav Havel: «La verdadera prueba para un hombre no es que interprete el papel que desea para él mismo, sino que interprete el papel que le tiene reservado el destino».

—¿Qué puedo hacer para que Porter y Sarita descubran su destino vital?

—Es muy sencillo —contestó mi hermano—. Enséñales a

escuchar los suaves susurros de los rincones más sagrados de sus corazones.

—Por favor, explícate —le rogué, mientras entraba uno de los empleados de la limpieza y comenzaba a fregar el suelo.

—Buenas noches, señor Mantle.

—Julian, ¿es que te conoce todo el mundo? —le pregunté asombrada—. Me refiero a que ¿cómo es posible que el empleado de la limpieza te conozca?

—Porque he venido a ver este documental unas diez veces en las últimas semanas —me respondió con una sonora carcajada—. La historia de Oseola es una extraordinaria lección. Me recuerda la importancia de contribuir, de hacer mi vida más valiosa por medio de vivirla para los demás, de dar para beneficio del mundo. En cualquier caso, en respuesta a tu pregunta, te diré que escuchar los suaves susurros de los rincones más sagrados del corazón es descubrir, y después hacer caso, de las llamadas que vienen de lo más profundo del ser. Algunas veces escuchamos estos susurros cuando estamos en íntima unión con la naturaleza, mientras disfrutamos de un paseo en solitario por el bosque durante un precioso día de otoño. En otras ocasiones los escuchamos mientras estamos en silencio, dedicados a nuestros pensamientos. También estas llamadas nos llegan en los momentos más difíciles y tristes de la vida, como cuando fallece una persona amada o se viene abajo alguno de nuestros sueños. Aquí se trata de prestar atención y ser consciente de las voces interiores que te conducirán por la senda marcada por tu destino. Escucha aquello que te dice el corazón que hagas y asume el compromiso de vivir tu destino para dejar un legado significativo.

—No estoy muy segura de saber la manera de enseñarles esto a mis hijos a la edad que tienen —confesé.

—Tú eres la más indicada para saberlo, Catherine. De acuerdo, son jóvenes, pero quizá encuentres que es el momento ideal para enseñarles la importancia de escuchar sus corazones y también a vivir de una forma altruista, para otras personas. Al menos consigue que comprendan la importancia de disfrutar de los momentos de silencio. A medida que vayan haciéndose mayores, hazles saber que no importa qué carrera profesional emprendan para ganarse la vida, tendrán siempre tu amor y apoyo incondicional. Anímales a soñar a lo grande y a ver que el éxito en la vida viene de vivir de una manera significativa, o sea, de una manera que aporte algo al mundo. Motivados por ti deberían plantearse una y otra vez esta extraordinaria pregunta: «¿Cómo puedo ser más útil y valioso para el mundo?». Otra excelente pregunta es: «¿Cuál es el mejor uso que puedo hacer de mi tiempo y mis talentos?». Kierkegaard señaló una vez que la principal responsabilidad del ser humano es «encontrar una idea por la que vivir y morir». Estoy absolutamente de acuerdo. Descubrir una causa por la que estés dispuesto a morir, un objetivo que pueda mejorar aunque solo sea una vida y que encienda tu alma, es comenzar a vivir de verdad. En ese momento, todo el universo se convertirá en un agente para tus éxitos.

—¿De verdad?

—Puedes estar seguro —respondió Julian con la más absoluta confianza—. El universo tiene un gran plan para todos y cada uno de nosotros. En cuanto descubras cuál es el plan que te corresponde a ti y des los pasos para llevarlo a la práctica, comenzarán a saltar chispas. Por lo tanto, mi última lección para ti es que les enseñes a esos hijos encantadores, inteligentes y maravillosos tuyos que la grandeza del ser humano se consigue comenzando algo en sus vidas que no se acabe con ellos.

—¿Te refieres a comenzar algo que continuará viviendo cuando ellos ya no estén? ¿A un legado?

—Así es. Verás, la necesidad más profunda del corazón humano es la necesidad de vivir por algo más importante que nosotros mismos. Si Porter y Sarita lo comprenden, aunque no comprendan nada más, triunfarán de una manera que te dejará pasmada. Hablo del éxito en su sentido más verdadero. El éxito va mucho más allá de tener un bonito BMW aparcado delante de tu casa o de la calidad de las prendas que vistas. Me refiero al éxito que llena el mundo de luz y de un amor más grande. Hablo del triunfo que hace que las personas deseen ser más y hacer más por los otros. Hablo del éxito que te hará sentir la madre más orgullosa de la tierra.

—Me he quedado sin palabras —balbuceé mientras las lágrimas rodaban por mis mejillas.

—Todos y cada uno de nosotros debemos preguntarnos no solo como padres, sino como personas: «¿Qué dejaré atrás cuando ya no esté?». Necesitamos pensar en las huellas que dejaremos y en si las generaciones futuras sabrán cómo hemos vivido. No estoy diciendo que todos debamos ser Gandhi o la madre Teresa. Ellos recorrieron los caminos que tenían trazados. Lo que digo es que todos necesitamos dirigir nuestras vidas de una manera trascendente. Necesitamos evitar la superficialidad y no quejarnos de que el mundo no se preocupa de nosotros. En cambio, somos nosotros quienes debemos preocuparnos por el mundo y vivir nuestros días de una manera que demuestre la compasión, el interés y el amor por los demás. Necesitamos librarnos de las cadenas que aprisionan nuestros pensamientos y empequeñecen nuestras acciones, y atrevernos a ver la clase de personas que somos de verdad. Hazlo, Catherine, porque esto es vivir de verdad. Hazle a tus hijos el regalo de esta sabiduría y habrás hecho algo muy noble como madre. Gobierna tu vida por este principio y te asegurarás de que siempre serás una gran persona.

—Gracias, Julian —manifesté con mucha dulzura, mientras mi hermano me daba un tierno abrazo que me causó una profunda emoción.

—¿Catherine?

—¿Sí? —repliqué asustada por lo que ya me veía venir.

—Esta noche es mi última noche contigo. Ya me he despedido de Jon y los chicos, y ahora debo hacer lo mismo contigo. Esta es la despedida más difícil de mi vida. Quisiera poder quedarme aquí y vivir con vosotros durante el resto de mi vida, pero eso no puede ser. Les prometí a los grandes sabios de Sivana que divulgaría toda la sabiduría que ellos compartieron tan generosamente conmigo entre todos aquellos que necesitaran escucharla, y ese es el trabajo que debo continuar. Te quiero muchísimo, estoy muy orgulloso de todas las cosas que has hecho, y también de la mujer en que te has convertido. Has recibido las cinco destrezas con los brazos abiertos y estás conduciendo a tu familia hacia la grandeza que se merece. Te has convertido en una guía sabia y en una poderosa luz que llevará a tus seres queridos y a los demás en tu vida hacia una comprensión de lo que estamos destinados a realizar mientras vivimos en este mundo.

Julian hizo una pausa, cerró los ojos y unió las palmas de las manos a la altura del pecho en el tradicional saludo indio.

—Honro lo mejor que hay en ti, hermanita. Siempre estaré contigo mientras recorres el camino de la vida. Siempre estaré cerca de ti cuando superes los desafíos de la vida, y siempre te enviaré mi más puro amor de hermano mientras tú compartes el tuyo con tu familia. —Volvió a guardar silencio durante un momento muy largo, y luego añadió—: Que los días más tristes de tu futuro sean muchísimo más felices que los días más felices de tu pasado, hermanita. Te quiero.

Dicho esto, Julian me besó en la frente, se limpió la túnica de los restos de palomitas y salió del cine, donde yo acababa de aprender en qué consistía el heroísmo en este regalo que llamamos vida.

Me quedé sentada en la butaca durante lo que pareció una eternidad, triste a más no poder ante la pérdida que sentía. Por fin, me levanté dispuesta a marcharme. Jon se estaría preguntando qué se había hecho de mí, y aún me quedaba por preparar la comida de los chicos para el día siguiente. Cuando avancé hacia la puerta, algo se cayó al suelo de la butaca que había ocupado Julian y se oyó un tintineo. Lo recogí y lo sostuve en la mano mientras salía del cine. En la calle me recibieron los rayos de una resplandeciente luna llena.

El objeto era la llave de la habitación de Julian encima del garaje. Llevaba enganchada una etiqueta donde había escrito a máquina la siguiente frase: *La llave de la sabiduría está dentro de tu casa*. No estaba muy segura de cuál sería esta vez el mensaje que me ofrecía Julian, así que guardé la llave en el bolso, me enjugué las lágrimas que empapaban mi rostro, y emprendí el camino de regreso al hogar y a mi familia. Llevada por un impulso súbito, decidí subir a la antigua habitación de Julian antes de entrar en casa. Subí las escaleras e introduje la llave en la cerradura. Había dejado encendida las luces para mí. Cuando entré en la pequeña, pero inmaculadamente limpia habitación, me quedé boquiabierta ante lo que vi.

Toda la habitación había sido transformada en una magnífica biblioteca, con libros encuadernados en piel y letras doradas en los estantes más hermosos que había visto en mi vida. El olor de la madera de sándalo perfumaba el ambiente y me embargó una profunda sensación de paz. Miré los libros, que llevaban títulos como *Conversaciones con Epicteto*, *Las meditaciones de Marco Aurelio* y *Cartas a Lucilio* de Séneca. Había reunido la colección con mucho cariño y estaba organizada cuidadosamente. Luego encontré una nota de Julian. Decía lo siguiente:

> Las palabras no pueden expresar mi amor por ti, Porter, Sarita y Jon, así que ni siquiera intentaré hacerlo. A cambio, mi querida hermana Catherine, te haré el regalo más grande que conozco: el de la sabiduría. Esta biblioteca, que contiene algunas de las obras más importantes de la humanidad, es para Porter y Sarita. Es mi gran ilusión que tú y Jon compartáis aquí muchos momentos felices con esos dos niños tan especiales, y que mientras aprendéis de las páginas de estos libros extraordinarios penséis en mí.

La nota estaba firmada: «En el liderazgo y en el amor, tu hermano Julian».

Mientras salía de nuestra nueva biblioteca y bajaba las escaleras acabadas de pintar, mi corazón reventaba de alegría. Me sentía pletórica y entusiasmada con el futuro de nuestra familia. Me sentía más sabia, feliz e ilustrada. Cuando entré en casa, me detuve por un momento para disfrutar de la canción que me llegaba suavemente desde la ventana abierta de la habitación de Julian. Las palabras que escuché: «¡Qué mundo tan maravilloso!», primero me hicieron llorar, pero después me hicieron sonreír.

CONTEMPORÁNEA

Cien años de soledad, Gabriel García Márquez
El otoño del patriarca, Gabriel García Márquez
Crónica de una muerte anunciada, Gabriel García Márquez
El amor en los tiempos del cólera, Gabriel García Márquez
El coronel no tiene quien le escriba, Gabriel García Márquez
Los funerales de la Mamá Grande, Gabriel García Márquez
El general en su laberinto, Gabriel García Márquez
Increíble y triste historia de la cándida Eréndira y de su abuela desalmada, Gabriel García Márquez
La mala hora, Gabriel García Márquez
Ojos de perro azul, Gabriel García Márquez
Cuentos de Eva Luna, Isabel Allende
Diario de Ana Frank, Ana Frank
La isla del día de antes, Umberto Eco
India, V.S. Naipaul
Una casa para el señor Biswas, V.S. Naipaul
El inmoralista, André Gide
El maestro y Margarita, Mijaíl Bulgákov
Por la parte de Swann, Marcel Proust
Encerrados con un solo juguete, Juan Marsé
Esperando a los bárbaros, J. M. Coetzee
Caballería Roja/Diario de 1920, Isaak Bábel

DEBOLS!LLO

ENSAYO

La Galaxia Internet, Manuel Castells

Fast Food, Eric Schlosser

Articulos y opiniones, Günter Grass

Anatomía de la agresividad humana, Adolf Tobeña

Vivan los animales, Jesús Mosterín

Cuaderno amarillo, Salvador Pániker

Fuera de lugar, Edward Said

Las batallas legendarias y el oficio de la guerra, Margarita Torres

Pequeña filosofía para no filósofos, Albert Jacquard

Tras las claves de Melquíades, Eligio García Márquez

Pájaro que ensucia su propio nido, Juan Goytisolo

El mundo en un click, Andrew Shapiro

Felipe V y los españoles, Ricardo García Cárcel

¿Tenían ombligo Adán y Eva?, Martin Gardner

Comprender el arte moderno, Victoria Combalía

El mito de la educación, Judith Rich Harris

La conquista de la felicidad, Bertrand Russell

DEBOLSILLO

AUTOAYUDA

Clásicos

Don Quijote de la Mancha, vols. I y II, Miguel de Cervantes. *Edición de Florencio Sevilla Arroyo*

Poema de Mio Cid, *Edición de Eukene Lacarra Lanz*

El conde Lucanor, Don Juan Manuel. *Edición de José Manuel Fradejas Rueda*

La Celestina, Fernando de Rojas. *Edición de Santiago López Ríos*

Poesía, Jorge Manrique. *Edición de Giovanni Caravaggi*

Poesía, Garcilaso de la Vega. *Edición de José Rico Verdú*

Lazarillo de Tormes. *Edición de Florencio Sevilla Arroyo*

La vida del Buscón, Francisco de Quevedo. *Edición de Edmond Cros*

Peribáñez y el Comendador de Ocaña, Lope de Vega. *Edición de José María Díez Borque*

La vida es un sueño, Pedro Calderón de la Barca. *Edición de Enrique Rull*

Don Juan Tenorio, José Zorrilla. *Edición de Jean-Louis Picoche*

Rimas, Gustavo Adolfo Bécquer. *Edición de Enrique Rull*

DEBOLS!LLO

Sabiduría cotidiana del monje
que vendió su Ferrari, de Robin S. Sharma
se terminó de imprimir en mayo del 2006
en Litográfica Ingramex, S.A. de C.V.
Centeno 162-1, Col. Granjas Esmeralda
México, D.F.